Primeira Assembleia Eclesial da América Latina e do Caribe

Wagner Lopes Sanchez
(org.)

Primeira Assembleia Eclesial da América Latina e do Caribe

Paulinas

Dados Internacionais de Catalogação na Publicação (CIP)
Angélica Ilacqua CRB-8/7057

Primeira assembleia eclesial da América Latina e do Caribe / organizado por Wagner Lopes Sanchez. - São Paulo : Paulinas, 2022.

Bibliografia
ISBN 978-65-5808-110-4

1. Concílios e sínodos 2. Igreja católica I. Sanchez, Wagner Lopes

21-4790 CDD 262.5

Índice para catálogo sistemático:

1. Concílios e sínodos

1ª edição – 2022

Direção-geral: *Flávia Reginatto*
Editores responsáveis: *Vera Ivanise Bombonatto*
João Décio Passos
Copidesque: *Mônica Elaine G. S. da Costa*
Coordenação de revisão: *Marina Mendonça*
Revisão: *Sandra Sinzato*
Gerente de produção: *Felício Calegaro Neto*
Projeto gráfico: *Claudio Tito Braghini Junior*
Capa e diagramação: *Tiago Filu*

Paulinas
Rua Dona Inácia Uchoa, 62
04110-020 — São Paulo — SP (Brasil)
Tel.: (11) 2125-3500
http://www.paulinas.com.br
editora@paulinas.com.br
Telemarketing e SAC: 0800-7010081

Sumário

Introdução
Por uma Igreja em sinodalidade

Na Constituição Dogmática *Lumen Gentium* os padres conciliares, ao falarem da Igreja como Povo de Deus (LG 9), antes de apresentarem a organização hierárquica da Igreja, queriam destacar a dimensão humana da Igreja e, ao mesmo, superar o clericalismo e valorizar a presença e atuação do laicato na Igreja Católica. O batismo insere todas as pessoas batizadas no meio desse Povo de Deus que tem a missão de anunciar o reino de Deus no mundo.

O Papa Francisco tem insistido também na necessidade de a Igreja superar o clericalismo. Ele já chegou a dizer que o clericalismo é uma perversão da Igreja. Quando falamos em sinodalidade apontamos para outro caminho muito distinto do clericalismo.

Os dois últimos sínodos, o da família e da Amazônia, de forma inovadora e por iniciativa de Francisco, tiveram uma primeira etapa de escuta dos vários segmentos. Para o próximo sínodo, convocado para 2023, também terá essa etapa que, inclusive, já está acontecendo. Mais do que isso o próximo sínodo é justamente para aprofundar o tema da sinodalidade: "Por uma Igreja sinodal: comunhão, participação e missão". É o Papa Francisco dando à Igreja a oportunidade de se reinventar.

Uma Igreja sinodal é uma Igreja de portas abertas ao mundo, mas também a todas as pessoas batizadas que fazem parte da grande comunidade católica. Sinodalidade é caminho de comunhão que só pode ser feito com escuta, participação nas decisões e corresponsabilidade. Sinodalidade é caminho feito por mulheres e homens comprometidos com a mensagem de Jesus e que são corresponsáveis na missão da Igreja tanto no que diz respeito às decisões como no que diz respeito à concretização das diferentes ações evangelizadoras.

Ao convocar um Sínodo para discutir o tema da sinodalidade, o Papa Francisco tem em mente que a dinâmica sinodal deve envolver toda a Igreja: "O caminho da sinodalidade é precisamente o caminho que Deus espera da Igreja do terceiro milênio" (*Discurso na Comemoração do cinquentenário da instituição do Sínodo dos Bispos*, 17 de outubro de 2015). Na mesma direção, o Documento Preparatório do Sínodo, faz uma interpelação que incomoda: "Como se realiza hoje, em diferentes níveis (do local ao universal) aquele 'caminhar juntos' que permite à Igreja anunciar o Evangelho, em conformidade com a missão que lhe foi confiada?".

É preciso olhar para a realidade das Igrejas locais sob a perspectiva da sinodalidade e verificar o que falta para sermos de fato uma Igreja sinodal com todas as consequências do que significa isso.

Quando, no dia 24/01/21, o Papa Francisco convocou a Igreja da América Latina e do Caribe para uma grande Assembleia Eclesial, que reunisse todos os segmentos eclesiais – leigos, religiosos e clero –, estava dando início a uma experiência inovadora na Igreja: a construção de um caminho comum onde laicato, religiosos e clero devem se colocar em parceria na tarefa de responder ao desafio de anunciar o reino de Deus ao mundo.

A Primeira Assembleia Eclesial, realizada no período de 21 a 28 de novembro deste ano, na modalidade *on-line*, faz parte desse novo espírito novo proposto por Francisco: a sinodalidade. A Assembleia reuniu 1036 pessoas das diversas igrejas locais da América Latina e do Caribe. Pessoas que trouxeram de vários lugares dores e esperanças, desejos e sonhos de uma Igreja que quer estar em sintonia com novas exigências históricas e novos sujeitos.

A importância da Assembleia está muito além de suas conclusões, muito além das tensões vividas. E abre as portas para uma experiência de Igreja que pode responder de forma mais adequada às novas exigências históricas.

A Assembleia mostrou que a sinodalidade, fundada na ideia de que todos os cristãos têm a mesma dignidade, exige coragem e ousadia para acolher a todas as pessoas e à realidade onde estão inseridas com todos os desafios e contradições.

A escuta do Povo de Deus é o primeiro passo da sinodalidade. A construção do caminho comum coloca outras exigências. Assim, a Primeira Assembleia Eclesial foi o primeiro passo de um novo tempo de Igreja que pode inaugurar novos processos para uma Igreja mais fraterna e mais humana.

Este livro contém onze textos, sendo que dez foram escritos por pessoas que participaram da Primeira Assembleia Eclesial. São diferentes olhares sobre diversos aspectos da Assembleia, mas todos nasceram do desejo de construir um caminho comum para a Igreja da América Latina e do Caribe.

Desejamos que os vários textos sejam um convite para refletirmos sobre o significado da Primeira Assembleia Eclesial e sobre a importância de se construir uma Igreja que seja cada vez mais sinodal, uma Igreja em saída.

Wagner Lopes Sanchez
(organizador)

1. Assembleia Eclesial: questões emergentes para o futuro da evangelização na América Latina e no Caribe

Dom Vicente Ferreira[1]

> *Se vocês tiverem amor uns para com os outros, todos reconhecerão que vocês são os meus discípulos (Jo 13,35).*

Discípulos missionários em saída, em uma Igreja toda ela ministerial. Foi com essa motivação que participamos da primeira Assembleia Eclesial da América Latina e Caribe. Caminho de escuta e partilha percorrido por nossas comunidades de fé. Éramos algumas centenas de pessoas, entre as que estavam presentes na Cidade do México e os que nos encontrávamos em formato virtual. Escutamos testemunhos, palestras e nos reunimos em grupos. Muitos foram os momentos de celebração e oração. O tecido de nosso encontro foi costurado pelo colorido diverso dos povos de nosso continente. Negros, brancos, índios e tantas outras expressões culturais e de fé. Sentimos a força de nossa Igreja, colhemos os desafios e nos animamos

---

[1] Dom Vicente Ferreira, bispo auxiliar da Arquidiocese de Belo Horizonte, atua na Região Episcopal Nossa Senhora do Rosário, cuja sede está em Brumadinho, MG. Membro da Comissão de Ecologia Integral e Mineração, acompanha as comunidades atingidas por violações socioambientais. Poeta e escritor, tem doutorado em Ciência da Religião e pós-doutorado em Teologia. Participou da Assembleia Eclesial como assembleísta.

para os novos passos. Caminhar juntos! Esse foi um refrão que ecoou durante todo o encontro.

Os testemunhos, as partilhas, os relatórios dos trabalhos em grupos, as súplicas e os louvores resplandeceram o rosto de nossa diversidade cultural. A valente presença feminina e da juventude, a comunhão ministerial de leigos, padres, religiosos e religiosas, dos bispos e cardeais, mostraram a beleza de muitos processos de evangelização. Nossa missão nesse continente transborda a alegria do Evangelho. Muitas são as redes de comunidades que vivem a mística e a profecia do reinado de Deus, nascido da Páscoa de Jesus, sustentado pela força do Espírito Santo, que nos faz discípulos missionários. Contemplamos as luzes e também reconhecemos as sombras. O mais importante, renovamos as forças para continuar nossa caminhada.

Destacamos, ainda, a presença de uma Igreja que reza e luta para que nossos povos tenham vida e que a casa comum seja cuidada. Projetos que nascem do compromisso transformador de nossa fé cristã. A Assembleia foi um tempo de louvor, gratidão por tanta doação. Somos hospital de campanha, em complexas realidades, cumprindo a missão de ser sacramento de salvação para o mundo. Igreja samaritana. Sem dicotomias entre liturgia e transformação social, entre oração e vida, fizemos memória agradecida por todos os que se doaram em nome do Evangelho, em nossas terras. Quantos mártires, profetas, poetas, pregadores e construtores do Reino de Deus! Em nome de toda essa história, nasceram também inquietações. Os pontos que partilharemos, em seguida, estão encharcados da convicção de que, juntamente com toda a sociedade global, vivemos uma travessia, mudança de época. E no caminho, uma boa escuta supõe ter o coração aberto, para acolher os clamores que nos chegam. Muitos foram os encaminhamentos que nos ajudarão daqui para frente. Dentre os quais destacamos os seguintes.

Discípulos e missionários com novos sonhos sociais, culturais, ecológicos e eclesiais (cf. Querida Amazônia). O que é pedido de todos é conversão para que sejamos, cada vez mais Povo de Deus em saída para as periferias, sintonizados com o Papa Francisco, que nos convoca a darmos testemunho em prol da construção da fraternidade global e da defesa da Casa Comum. Tudo está interligado e somos habitantes e cuidadores da criação. Os retrocessos não podem ser maiores que nossos legítimos desejos de mudanças, inspirados pelo Espírito Santo e pelos ensinamentos socioambientais de nossa Igreja. A assembleia nos conclamou a continuar o caminho, visando também o sínodo sobre a sinodalidade, que já está acontecendo. É preciso transbordar, ir além das perspectivas construídas, pois habitamos um tempo cheio de novidades. Somos Povo de Deus e não podemos deixar nenhuma "realidade verdadeiramente humana" de fora.

Concretamente, foram escolhidas algumas prioridades. Elas revelam que desejamos que nossa caminhada continue atenta ao que afirmou o Concílio Vaticano II. Que "as alegrias e as esperanças, as dores e as tristezas e as angústias dos homens de hoje, sobretudo dos pobres e de todos aqueles que sofrem, são também as alegrias e esperanças, as tristezas e as angústias dos discípulos de Cristo. Não se encontra nada verdadeiramente humano que não lhes ressoe no coração" (*Gaudium et Spes* n. 1). Foi a partir dessa ótica que nasceram os desafios que também são nossas prioridades pastorais.

Podemos resumi-los assim. Proporcionar o encontro pessoal com Jesus Cristo encarnado na realidade do continente. Para isso, é necessário renovar, à luz da Palavra de Deus e do Vaticano II, a experiência de Igreja como Povo de Deus, em comunhão ministerial, que evite o clericalismo e favoreça a conversão pastoral. Impulsionar a participação dos jovens, das mulheres e dos leigos, dando-lhes protagonismo. Acompanhar as vítimas de injustiças sociais e eclesiais, destacando maior presença em relação aos povos indígenas, afrodescendentes, refugiados, atingidos pelo sistema capitalista neoliberal, descartados por uma economia que visa ao lucro acima da vida. E reafirmar a prioridade por uma Ecologia Integral. Somos todos irmãos e irmãs na Casa Comum.

Muitos outros elementos foram propostos e que, certamente, serão compartilhados. A partir de tudo isso, apresentamos, segundo nosso entendimento, algumas questões emergentes e abertas, que julgamos merecer atenção especial. Sem preconceitos ou resistências, podemos debatê-las para um bom discernimento. Elas talvez tenham surgido ao longo da assembleia, mas consideramos que precisam ser escutadas com maior empenho. Quais seriam esses pontos abertos que interpelam o futuro de nossa evangelização?

Consideramos que uma das primeiras tarefas para o futuro é reforçarmos uma eclesiologia fundamentada no Concílio Vaticano II, nas cinco Conferências Episcopais latino-americanas e caribenhas e no Sínodo para a Amazônia. Juntamente com o legado do magistério do Papa Francisco, todo esse caminho compõe uma herança fundamental para os próximos passos. Legado do qual não podemos abrir mão. Sem uma boa assimilação de tudo que contém nesse longo processo, não avançaremos. Pelo contrário, seremos vítimas de doenças eclesiais como o clericalismo, o fundamentalismo, o catolicismo de massa, muitas vezes nos tornando vítimas de influenciadores digitais religiosos, distantes da comunhão eclesial. Submetidos a fragmentos religiosos, facilmente manipulados por uma cultura de mercado.

De onde nascem o clericalismo e as posturas extremistas de grupos e pessoas que pregam uma fé cristã personalista, intimista, com equivocadas eclesiologias? Não é da concepção de que lideranças, padres, bispos, ministros ordenados possuem um *status* especial que lhes dão poderes sobrenaturais? E por isso, há quem fale e aja como se tivesse autoridade absoluta, acima do bem e do mal, desconhecendo o corpo eclesial. E, assim, nos distanciamos da Igreja servidora, amiga dos pobres, dos aflitos. Igreja que é composta de diversidade ministerial, que mais avança quanto maior for o senso de corresponsabilidade, de comunhão, de participação.

Não podemos abrir mão dessa convicção de que todo batizado tem a dignidade de fazer florescer o Povo de Deus, cada um com seu carisma, seus dons, sem essa de "maior" ou de "menor". A grande profecia de nossas comunidades eclesiais de base e da teologia da libertação muito tem a contribuir com a experiência de uma fé encarnada na vida. E não podemos mais aceitar suspeitas preconceituosas em relação às mesmas. Ou, do contrário, seremos capturados por espiritualidades mágicas, tão presentes nos cenários neopentecostais, teologias da prosperidade que mais alienam nosso povo do que o aproxima do projeto genuinamente cristão. Nossos itinerários de oração, de intimidade com o mistério da Trindade santa, devem ser fontes de libertação, não de submissão para nossas comunidades de fé.

Para avivar uma Igreja da comunhão e participação, o continente latino-americano e caribenho tem força pastoral suficiente para avançar, em sintonia com a Igreja universal, em aspectos como uma nova catequese de nosso povo, nas pequenas comunidades, e com uma formação atualizada em nossos seminários. Catequese e formação encarnadas, que proponham caminhos de maturidade humana e cristã. Para que isso se concretize, pensar a ordenação de homens casados, os ministérios das mulheres, é fundamental para esvaziarmos posturas individuais e institucionais muitas vezes contaminadas pelos excessos "machistas". As "cadeiras de decisão" precisam ser ocupadas pela presença feminina, por famílias, pela diversidade ministerial.

Nesse sentido, estamos convictos de que falar de protagonismo das mulheres é mais que simplesmente discutir cargos, funções. É nos comprometermos com uma mudança estrutural. Somos muito marcados, como toda nossa cultura ocidental, pela força do homem branco, de descendência europeia. Foi dito que não existe uma Igreja latino-americana sem ser mariana. Então, a forte devoção de nosso povo para com Nossa Senhora não revela que a criatividade feminina é o que nos livra do enrijecimento, do peso das leis etc.? Em Maria não nos encontramos com a poesia, com a ética do cuidado, com a profecia da geração de um mundo novo? Maria de ontem, Marias tantas de hoje!

Na mesma direção, pensamos na realidade das famílias. Ainda não assumimos, de fato, as inspirações de *Amoris Laetitia*, principalmente no que ela nos incentiva a avançar na escuta das novas vinculações afetivas. Em muitas ocasiões falamos de família em contextos nos quais as pessoas não nos compreendem mais, principalmente as novas gerações. E tudo fica parecendo que somos uma comunidade de famílias ideais, existentes apenas nos discursos. E insistimos em repetir o que diz a lei. Impondo peso sobre ombros, já tão feridos. Ordenação de homens casados, ministério das mulheres, escuta profunda das novas vinculações familiares, são três elementos que gritam entre nós e que ainda não tivemos coragem suficiente de aprofundá-los.

Não avançaremos em nossa evangelização latino-americana se nossa pastoral não der prioridade a esse grande labirinto que se chama sexualidade humana. Quando falamos das questões de gênero, dos LGBTQIA+, destacamos que é importante tratar, com seriedade, questões que são polissêmicas e que não são resolvidas apenas por decreto. Nesse caso, sabemos que, quanto maior o peso da lei, maior a possibilidade da perversão. É impossível repensar a formação em nossos seminários, a catequese em geral, sem abordar os dramas concretos do vasto mundo dos afetos que afloram em nossos corpos humanos, nunca prontos, mas sempre em construção. Suicídio e depressão são realidades que tocam o misterioso mundo do sentido do viver. Revelam o constante conflito entre pulsão de vida e de morte. Escolher o bem viver, para muitos de nossos irmãos e irmãs, não é tarefa simples, porque carregam dramas no coração, ou pelas faltas de oportunidades reais na sociedade.

Por isso, o futuro da evangelização, no continente latino-americano e caribenho, passará pela consciência, sempre renovada, de que todo batizado é configurado à pessoa de Jesus Cristo. De que, n'Ele, somos humanidade nova, chamados a desenvolver esse dom, essa graça em uma conversão pessoal e comunitária, continuamente. Desde nossas profundezas subjetivas, passando pelo compromisso social, até chegar à maturidade de nos reconhecermos todos irmãos e irmãs, cuidadores de uma casa coletiva, o planeta Terra. O discípulo é convidado a ter os mesmos sentimentos do Mestre, a fazer as mesmas opções que Ele fez em sua manifestação encarnada em nossa história. Não são poucos os exemplos dos Evangelhos que mostram Jesus tocando as feridas, aproximando-se, sem discriminação, dos pobres, dos doentes, dos desajustados e injustiçados. Esse é nosso ponto de partida: viver como Jesus viveu.

Não podemos nos acostumar com uma visão superficial da fé. O investimento em processos iniciais e continuados de formação cristã é fundamental. Sem isso, cairemos em incompreensões que comprometem o caminhar juntos. Os cenários virtuais, cada vez mais amplos e complexos, sem o cotidiano aprofundamento de nossa experiência cristã, acobertam narrativas pastorais que, em muitos casos, chegam a ser contraditórias em relação ao Evangelho da vida. Precisamente, nesse ponto, precisamos repensar nossa presença nas mídias. Sobretudo, com a pandemia da Covid-19, confirmamos como a tecnologia da comunicação está presente em nosso mundo atual. No entanto, corremos o risco de um excesso de presença nas redes sociais, sem que isso signifique uma evangelização consistente, justamente porque a comunidade é elemento fundamental em se tratando de experiência cristã. Não existe cristianismo sem corpo.

Trazemos também a constatação, como já foi muito reconhecido pela nossa teologia continental, de que, se, por um lado, os cristãos são maioria neste continente, por outro lado, convivemos, passivamente, com as chagas absurdas da injustiça social. Por que há tanta religião e pouca libertação entre nós? Uma importante tarefa para o futuro é buscar o "Reino de Deus e sua justiça" (Mt 6,33). Reinado da paz, do encontro das culturas, do diálogo sincero. Nosso continente espera da Igreja uma resposta clara, por exemplo, diante desse sistema econômico capitalista neoliberal injusto que impõe, cada vez mais, chagas aos corpos de nossos povos e da natureza. Somos, demasiadamente, subservientes de operações financeiras transnacionais. A soberania de nossos povos, de nossos indígenas, campesinos, quilombolas, clama por nosso grito profético, a partir de redes de comunidades eclesiais de base, formadoras de uma nova consciência cristã e cidadã. Ainda temos que pagar uma enorme dívida principalmente em relação aos povos originários e aos afrodescendentes.

As maravilhosas belezas e riquezas naturais que possuímos gritam por uma conversão ecológica global. O tema da Ecologia Integral não pode ser questão secundária, como se fosse assunto apenas de ambientalistas. Na verdade, o que nos apresenta a *Laudato Si'* é matéria transversal, que diz respeito a todos nós. E trata-se de uma proposta que muda, radicalmente, a maneira de nos relacionarmos com a natureza. Por isso, é tema que deve perpassar nossa liturgia, nossa prática cristã, e ser traduzido por atitudes concretas, pessoais e comunitárias. A Economia de Francisco e Clara deve ser assumida como novo jeito latino-americano e caribenho de tratar a economia. Alternativas que partam da soberania de nossos povos.

Agronegócio, extrativismo, monoculturas, quase sempre servem a grupos extremamente ricos. O turismo, a arte, as festas, a espiritualidade também são fontes de sustentabilidade em nosso continente. A Igreja não pode se ausentar dos problemas concretos de nosso povo. De muitas maneiras ele já é sobrevivente de inúmeras agressões. Se, por um lado, somos peritos em ajudar os pobres, por outro lado, ainda temos um longo caminho a percorrer no quesito da denúncia das causas da pobreza e da destruição do meio ambiente. Vivemos, infelizmente, em um continente que sofre com o neocolonialismo, inclusive, em nossa práxis pastoral. Não é raro termos parcerias, para manter nossas estruturas eclesiais, com organizações transnacionais poderosas, que matam nossa gente e ferem o meio ambiente. Somos coniventes com a injustiça, contradizendo nosso testemunho cristão.

Por fim, gostaríamos de destacar que a diversidade cultural, muitas vezes, sofre diante de uma globalização que domina povos e territórios. A Igreja, em nosso continente, não pode perder seu rosto particular. O que vemos, em cenários diversos, é a imposição de espiritualidades do norte global que enfraquecem a força de nossas tradições. Sofremos uma espécie de complexo de inferioridade em relação às culturas que nos dominam. É urgente que a teologia continue sendo pensada a partir de nosso território. A sabedoria popular não pode continuar sendo descartada em nome das chamadas "verdadeiras ciências" que importamos. Na caminhada sinodal, precisamos oferecer ao mundo o que é mais próprio de nós. Há um jeito latino-americano e caribenho de ser Igreja de Jesus Cristo, o que não descarta o diálogo com os outros aspectos da cultura global.

Assim, propomos que as mudanças ou virão das periferias, dos descartados, ou não virão. Essa nossa esperança mariana, poética e profética: o Senhor continuará fazendo em nós maravilhas, porque ele eleva os humildes. As feridas de nossos tempos é o lugar eclesial comum, para, outra vez, florescer a experiência de Maria Madalena e das outras mulheres. Ou seja, diante do absurdo de um túmulo frio, fechado com uma pedra pesada, imbuídas do desejo de verem o Senhor, serem agraciadas pelos acenos da ressurreição, nascidos das chagas do vivente (Mc 16,1-8). Nosso endereço eclesial futuro ou será a vulnerabilidade de nossos povos e de nossos territórios, ou nos distanciaremos da força profética do Ressuscitado que nos lança a um mundo novo.

2. A convocação de Francisco e a sinodalidade na Assembleia Eclesial: um olhar feminino

Ivenise T. Gonzaga Santinon[1]

Após ter sido adiada por causa da pandemia, a Primeira Assembleia Eclesial da América Latina e Caribe foi-nos apresentada pelo Papa Francisco por meio de uma videomensagem, no domingo, 24 de janeiro de 2021. Ele disse: "Somos todos discípulos missionários em saída". Com este lema, inspirado na eclesiologia do Concílio Vaticano II (1962-1965) e na Conferência de Aparecida (2007), ele se disponibilizou a acompanhar com particular atenção todo o Povo de Deus latino-americano e caribenho que reuniria nesse evento, na Cidade do México, de 21 a 28/11/2021.

Naquele momento da convocatória, na mensagem oficial, Francisco disse:

> Gostaria de lhes dar dois critérios para acompanhá-los neste tempo, um tempo que abre novos horizontes de esperança para nós. Primeiro... que esta Assembleia não seja uma elite separada do santo povo fiel de Deus. Junto com o povo não se esqueça, somos todos parte do Povo de Deus, somos todos parte dele. O Povo de Deus que é infalível *in credendo*, como nos diz o Concílio, é o que nos dá a pertença. Do Povo de Deus surgem as elites, as elites iluminadas por uma ideologia

---

[1] Ivenise T. Gonzaga Santinon tem graduação e mestrado em Teologia e doutorado em Ciências da Religião. Professora na Faculdade de Teologia da PUC-Campinas. Assessora da Comissão Pastoral para o Laicato da CNBB. Participou da Assembleia Eclesial como assembleísta.

> ou outra, e esta não é a Igreja. A Igreja se dá no partir do pão, a Igreja se dá com todos, sem exclusão. Uma Assembleia de Igreja é o sinal de uma Igreja sem exclusão... (VaticanNews).

Desta feita, inspirado nessa centralidade conciliar proferida pelo pontífice, o CELAM (Conselho Episcopal Latino-Americano e Caribenho) tratou logo de planejar essa novidade, já que outras assembleias realizadas na América Latina e Caribe foram episcopais. Esta Primeira Assembleia Eclesial, com o tema "Somos todos discípulos missionários em saída", foi convocada após 14 anos da 5ª Conferência Episcopal Latino-Americana, realizada em Aparecida e que tinha como objetivo geral: "Contemplar a realidade de nossos povos, aprofundar os desafios do continente, reacender o compromisso pastoral e buscar novos caminhos em chave sinodal".

Assim, a Conferência de Aparecida foi a inspiração em todos os momentos da Assembleia, e nós, delegadas e delegados, tivemos a preocupação constante de nela balizarmos o discernimento, as atividades do processo de escuta e as premissas nos trabalhos em grupos. A convocatória do Papa Francisco e o objetivo estipulado pelo CELAM nos indicaram a *sinodalidade* como chave de leitura para o discernimento das atividades e reflexões durante todo o tempo da Assembleia. Isso em razão da Assembleia Eclesial anteceder e ser parte integrante de um processo eclesial democrático chamado *Sínodo.* Convocado por Francisco em 10 de outubro de 2021, o 16º Sínodo dos Bispos se realizará no Vaticano, com término previsto para outubro de 2023, e terá o tema: "Por uma Igreja Sinodal: comunhão, participação e missão". A expectativa é que esse sínodo seja diferente de todos os anteriores e sejam ouvidas mais de um bilhão de pessoas católicas sobre o futuro da Igreja Povo de Deus. Muitos olhares serão necessários para que o Concílio Vaticano II não seja ocultado e Aparecida, esquecida.

1. Conhecendo o contexto da Assembleia Eclesial

Com um olhar feminino, de teóloga e, sobretudo, de leiga atuante na vida da Igreja, o objetivo aqui é refletir o contexto da Assembleia Eclesial e a índole missionária da Igreja (Vat. II, 17), não deixando desaparecer um importante desafio citado nos documentos conclusivos da Assembleia: a participação das mulheres na Igreja e no mundo, que, diante do contexto de clericalismo tão assinalado por Francisco, indica a necessidade de avançar para transformar as estruturas eclesiais.

Como o Concílio Vaticano II, a Conferência de Aparecida (DAp) propôs uma reviravolta na vida da Igreja, e ela teve Francisco – então bispo em Buenos Aires – na comissão de redação do Documento de Aparecida. Desde o processo de escuta da Assembleia, foi mostrado que muito precisava ser feito, pois, após quase quinze anos de Aparecida, havia questões cruciais que não tinham sido efetivadas. Entre elas, era assinalada a missão das mulheres em uma Igreja ainda clericalista, sacramentalista e segregada: "A Igreja está chamada a repensar profundamente e a relançar com fidelidade e audácia sua missão nas novas circunstâncias latino-americanas e mundiais" (DAp 11). Essa premissa foi sendo pensada em um contexto sociopolítico e religioso complexo.

Em função da pandemia, a assembleia teve o formato híbrido, com a participação de mais de mil pessoas, sendo 93% de participantes de forma virtual e 7% presencial. Entre eles éramos 94 delegadas e delegados brasileiros, e nós, mulheres, tivemos uma menor participação, 36% no total de participantes. Foram 64% de homens, sendo 20% bispos, 20% sacerdotes, 1,7% diáconos, 20% de religiosos e religiosas (ligados institucionalmente a congregações religiosas, irmãs, freiras, frades), e havia 0,7% pessoas ligadas a outras religiões. A faixa etária dos participantes foi de: 6% entre 20 a 30 anos; 30% entre 31 a 50 anos; 55% entre 51 a 70 anos; e 9% acima de 70 anos. A pessoa mais jovem tinha 17 anos e era representante da Pastoral

Juvenil do Equador, e a mais idosa, com 87 anos, era do Instituto Secular da Colômbia.

Em função dessa amostra de participantes se aponta o caráter formal da nossa eclesialidade, em que os homens majoritariamente estão na convocatória a partir da formalidade das estruturas hierárquicas. Nesse sentido, às vezes, as pautas relativas às mulheres não eram muito ouvidas, mas depois de debatidas, e de omissões e controvérsias em alguns grupos, eram citadas nas conclusões. Isso ocorreu mais de uma vez, contradizendo o texto de Conferência de Aparecida, o qual, já em 2007, pontuava as mulheres como maioria na Igreja (DAp 455) e que precisavam ser reconhecidas. O nosso olhar feminino nos grupos e a nossa fragilidade apareciam, mesmo tendo menor representatividade, naquela estrutura formal eclesial onde se discutia a sinodalidade.

Algumas perguntas foram levantadas: Aparecida é a nossa inspiração, conforme a convocatória de Francisco? Como romper com o nosso silêncio presencial e com a forma velada da presença das mulheres nos grupos, que é tão comum em nossas instituições de Igreja? Como lidaríamos com o processo de recepção da Assembleia, já que ali não acontecia efetivamente o método Ver-Julgar-Agir? Diante desse contexto, com esse olhar feminino, enxergava-se que a Assembleia Eclesial latino-americana e caribenha, à luz da Conferência de Aparecida, poderia sofrer interferências mais à frente. São questões que talvez encontrem respostas no processo de recepção da Assembleia Eclesial ou até na realização do Sínodo dos Bispos em 2023.

2. Sinodalidade

Na etimologia da palavra *sinodalidade* encontramos o seu significado no grego: "estar a caminho" ou "caminhar juntos". Essa palavra tem sido utilizada mais frequentemente no mundo religioso para dar sentido a uma reunião de bispos. Na dinâmica do Reino de Deus e no sentido de se pensar na caminhada do Povo de Deus, nesta Assembleia Eclesial o Papa Francisco quis tornar mais aberta a compreensão de sinodalidade e convocou uma assembleia eclesial antecedendo à tradicional reunião episcopal, o Sínodo que tratará do futuro da Igreja. Isso implica pensar que ele está tentando de diversas formas compreender a caminhada da Igreja além do episcopado, e isso requer uma vivência de todos na circularidade própria do Povo de Deus, inspirada em Jesus Cristo, em que todas as pessoas batizadas têm a mesma vocação e autonomia eclesial.

Trata-se da ideia de caminhar juntos, ou seja, um lugar onde leigas e leigos, religiosas e religiosos, seminaristas, diáconos, presbíteros, bispos e todas as pessoas do Povo de Deus que desejarem tenham a mesma chance de igualmente fazer parte das reflexões e do futuro caminho comunitário da Igreja Católica. É um caminho de igual representatividade, sem controles ou dominações hierárquicas, e pressupõe subsidiariedade, implica a participação de todas e todos nos ministérios, sem controle institucional ou amarras que possam contrariar o processo até o Sínodo em 2023.

E isso nos faz repensar a teologia da libertação e o próprio contexto da Igreja no continente latino-americano e caribenho. Implica transformar estruturas obsoletas nas nossas paróquias, nas comunidades eclesiais e no catolicismo popular, que precisa não mais ser medieval e petista, mas livre, responsável e autônomo. O ato sinodal nos impele a fazermos a radical opção própria do Evangelho pela cruz, pelos oprimidos, pelos pobres, pelas mulheres e todas as minorias. Se isso não fizermos, a sinodalidade não acontecerá.

Para essa compreensão, basta ver que Aparecida alargou o leque do Concílio Vaticano II tanto no método quanto no conteúdo. E na Assembleia Eclesial foi nosso dever ético e cívico falar de uma Igreja pobre para os pobres, em saída e na direção das periferias. Isso implica dizer que, na prática, entender a sinodalidade é viver um processo de conversão estrutural que não pode ser interrompido e que não se trata apenas de mais um tema sobre um diálogo fraterno e sentimental entre diferentes, mas tem uma dimensão real, lógica de atuação e instrumental, segundo o próprio Evangelho, que age no cotidiano das nossas estruturas pastorais – na e da Igreja –, na ministerialidade e na responsabilidade de batizados/as e com a mesma igualdade.

Nesse sentido, com um olhar feminino para dentro das estruturas católicas, vejo com frequência que ainda hoje nós, mulheres, somos silenciadas em atitudes, falas e textos nas estruturas católicas. E isso ocorre desde uma formação teológica até a práxis na vida popular nas comunidades mais pobres, mesmo que nestes âmbitos algumas mulheres participem de alguns processos decisórios.

Desta feita, a novidade do tema da sinodalidade, por si só, foi uma verdadeira conversão pessoal e eclesial, uma inovação. À luz da fé, com a sinodalidade experimentamos a novidade do Espírito de Deus que nos surpreende agindo em nosso meio, como membros do Povo de Deus, de diversos, e que nos conduz por caminhos inéditos de conversão pessoal, comunitária e institucional. Ele tratou de uma Igreja sinodal na qual compartilhamos o chamado de sermos iguais e, como Jesus Cristo nos conduzimos, para a proximidade e ao diálogo com todos indistintamente, como discípulos e discípulas missionários em saída. Ou seja, procuramos agir não como uma Igreja apenas centrada nela mesma, submetida a um conjunto de regras, atuando no *ad intra*, apenas em liturgias e em obediência ao clero, mas estivemos refletindo o chamado para sermos sujeitos eclesiais, com a mesma dignidade eclesial recebida pelo batismo.

O Papa Francisco nos pediu atenção a um princípio básico da Assembleia. Ela não seria um evento segregador, com a participação apenas de pessoas escolhidas por uma elite "fiel". Seria a convocatória a todo o Povo de Deus, pois "era para estarmos junto com o povo", como missionários e missionárias em saída e para as periferias eclesiais e existenciais.

A *sinodalidade* nos remeteu à nossa real caminhada, caracterizou a nossa própria convocatória, requereu a nossa persistência como representantes de uma autêntica Igreja Povo de Deus, de uma *práxis* por similaridade entre todos, característica de uma *eclesia* que "se entrega a todos, sem exclusão".

Como Agenor Brighenti disse em sua conferência do dia 23/11:

> A transcendência de Aparecida, pois, como o Pontificado de Francisco, é ter impulsionado o Concílio Vaticano II e nos desafiado a uma "segunda recepção" deste *kairós* no novo contexto em que vivemos. Como reconhecem os Bispos de Aparecida, "nos faltou coragem, persistência e docilidade à graça para continuar a renovação iniciada pelo Vaticano II e promovida pelas Conferências Gerais anteriores, em vista de um rosto latino-americano e caribenho de nossa Igreja" (DAp 100).

Esse evento foi um começo de um processo, que à luz da fé pudemos experimentar a transcedência de Aparecida e a novidade do Espírito de Deus que nos surpreendia dia a dia como membros de um Povo. Fomos conduzidos por caminhos inéditos de conversão, pois era a Igreja Povo de Deus, que se mostrava semelhante a Jesus Cristo, conforme o Concílio Vaticano II nos indica. Ali estiveram "as nossas alegrias e esperanças, as tristezas e as angústias de hoje, sobretudo dos pobres e de todos e todas que sofrem; são também as alegrias e as esperanças, as tristezas e as angústias dos discípulos e discípulas de Jesus Cristo" (GS 1). Como indica a *Lumen Gentium*, "Deus quer santificar e salvar a todos os homens e mulheres não individualmente, sem nenhuma mútua conexão, senão constituí-los em um Povo" (LG 9)

O chamado conciliar da Igreja Povo de Deus nos inspirou a irmos para além dos âmbitos eclesiais na Assembleia, pois a presença viva da Igreja transcende o mundo latino-americano e caribenho. Ousou-se, de diversas formas, desafiar limites para romper com o que estávamos acostumados. O espírito sinodal nos delineou e a esperança nos moveu.

3. A sinodalidade, um esperançar na caminhada do Povo de Deus

A nossa tarefa na Assembleia era realmente gigantesca. A sinodalidade era observada de várias formas e nos desafiava até nos diálogos nos grupos de *WhatsApp*. Quando controvérsias aconteciam, logo procurávamos deixar que o espírito sinodal prevalecesse. Dia a dia os avanços aconteciam e a esperança prevalecia.

Desde o processo de discernimento e de escuta, essa Assembleia se mostrou desafiadora e produtiva, pois, após quase quinze anos de Aparecida, se viu que muito ainda precisava ser feito para que todos os batizados tenham os mesmos direitos. E Francisco tem procurado recuperar essa eclesiologia (EG 111-114), ao afirmar que "ser Igreja é ser Povo de Deus" (EG 114), pois Deus nos elegeu e nos tem convocado como um Povo (EG 113) que se encarna nos povos da Terra (EG 115). Trata não apenas de uma concepção ecossociológica, mas da noção teológica de salvação de todo o Povo de Deus na mesma dignidade batismal.

A história do Povo de Deus e a da Igreja com os sínodos tem nos mostrado que não é fácil romper com velhas concepções eclesiológicas. O futuro da vida Igreja, em geral, dependerá também da conclusão dos trabalhos e da recepção dos conteúdos desta Assembleia.

Um olhar feminino como conclusão

Temos questões cruciais para a vida da Igreja em um futuro próximo. Entre elas, a missão e a situação das mulheres na Igreja chamam a nossa atenção. Aparecida já havia assinalado essa urgência neste *locus* onde as mulheres são maioria (DAp 455), mas que, frequentemente silenciadas em suas falas, não ocupam as esferas de decisão. Notou-se que nem sempre tal discussão era ouvida, mas precisava da insistência para que o tema fosse discutido. E a nossa persistência mostrava a nossa missão de batizadas, tarefa primordial da Igreja e modelo inspirador da Igreja em Aparecida: "A Igreja está chamada a repensar profundamente e a relançar com fidelidade e audácia sua missão nas novas circunstâncias latino-americanas e mundiais" (DAp 11).

Não podendo ocupar o mesmo lugar dos homens nas instâncias eclesiásticas, fica evidente que, enquanto não formos respeitadas em nossa igual dignidade de batizadas, não conseguiremos buscar o exercício da nossa plena autonomia ministerial e, como leigas, teremos dificuldades para o exercício da nossa missão no Povo de Deus, que deve se estender a todo o mundo e por todos os tempos (LG 13).

Desta feita, a abertura proposta pelo Papa Francisco nos dá esperanças, pois, mesmo onde havia certa tendência de manutenção de estruturas eclesiais obsoletas, injustas, masculinizadas, voltadas mais para os âmbitos internos da Igreja, a Assembleia Eclesial mostrou caminhos a serem trilhados. Dentre os doze desafios finais, três deles nos deram esperanças: "Promover a participação ativa das mulheres em ministérios, órgãos governamentais, discernimento e tomada de decisões eclesiais"; "reformar os itinerários formativos nos seminários, incluindo temas como ecologia integral, povos nativos, enculturação e interculturalidade e pensamento social da Igreja"; "ouvir o grito dos pobres, excluídos e descartados".

A convocatória da Assembleia Eclesial por Francisco sob o lema da sinodalidade nos impele a transformar o cenário da Igreja. Significa quebrar estruturais obsoletas, ouvir o silêncio das pessoas descartadas e respeitar a dignidade batismal de todas e todos. Isso nos diz o muito que ainda temos pela frente.

Referências bibliográficas

CELAM. *Documento de Aparecida*: Texto Conclusivo da V Conferência do Episcopado Latino-Americano e do Caribe. Brasília: Edições CNBB; São Paulo: Paulus/Paulinas. 2007.

CONCÍLIO VATICANO II. *Compêndio do Concílio Vaticano II*: constituições, decretos, declarações. 24. ed. Petrópolis: Vozes, 1995.

FRANCISCO. Exortação Apostólica *Evangelii Gaudium*: a Alegria do Evangelho. Sobre o anúncio do Evangelho no mundo atual. São Paulo: Paulus, 2013.

VATICANNEWS. Disponível em: https://www.vaticannews.va/pt/papa/news/2021-01/mensagem-papa-assembleia-celam-trujillo.html. Acesso em: 05 dez. 2021.

3. O tema da Assembleia Eclesial: discípulos missionários de Jesus em saída

Celia Soares de Sousa[1]

O tema da primeira Assembleia Eclesial da América Latina e Caribe, realizada nos dias 21 a 28/11/2021, reforça e atualiza o compromisso da Igreja da América Latina e Caribe de desenvolver a dimensão missionária da vida de Cristo. A partir desse tema surgem, ao menos, duas questões pertinentes: como este tema pode ser inserido na vida dos discípulos missionários para que tomem consciência da sua missão? E qual a contribuição deste tema e da Assembleia Eclesial para a Igreja no Brasil?

Um dos pilares norteadores da Assembleia Eclesial foi o tema "Discípulos missionários de Jesus Cristo para que n'Ele todos os povos tenham vida". Os bispos reunidos em Aparecida conclamaram toda a Igreja para que se reconheça como uma comunidade de discípulos missionários de Jesus Cristo. Para isso, é preciso o comprometimento e corresponsabilidade de todos os cristãos batizados, a fim de assumirem, a partir da perspectiva do Reino, a edificação do ser humano, e para isso trabalhar para que todas as pessoas e instituições contribuam para o bem comum (DAp 383).

A Conferência de Aparecida foi enfática ao concluir que "a Igreja necessita de forte comoção que a impeça de se instalar na comodidade, no estancamento e na indiferença, à margem do sofrimento dos pobres do Continente" (DAp 362).

---

[1] Celia Soares de Sousa é graduada e mestra em Teologia PUC-SP. Especialista em Mariologia pela Academia Marial de Aparecida e Faculdade Dehoniana. Trabalha na Comissão Nacional de Formação do CNLB e na assessoria da Presidência do CNLB Sul 1. Participou da Assembleia Eclesial como assembleísta.

Passados sete anos desta Conferência, continuam os desafios para a concretude do compromisso social pela justiça e vida plena e digna para todas as pessoas. O Papa Francisco soma a estes desafios o de conhecer e propor mudanças da atual "economia desalmada" que mata, e, ainda, o urgente engajamento de todos no cuidado com a Casa Comum.

Vale recordar que a Igreja na América Latina e Caribe, com uma presença evangélica e profética, desde a II Conferência Episcopal de *Medellín* (1968), denuncia a exclusão e o empobrecimento da população. Os pobres se encontram como vítimas da violência, das milícias do crime e da droga, e as consequências são dor, tristeza e muito sofrimento.

O tema e a prática da missão ficaram adormecidos por décadas, e os missionários eram reconhecidos e vinculados somente a grupos que se deslocavam para catequizar em outras regiões, caracterizando uma mentalidade colonial e obsoleta.

A mudança de mentalidade com o objetivo bem preciso de que toda pessoa batizada se reconheça como discípula missionária, em todos os ambientes e lugares, demanda um processo permanente de formação para cristãos leigos e leigas e, posteriormente, na formação dos seminários. Como promover essa mudança?

É essencial que cada cristã e cristão leiga(o) assuma a sua identidade como sujeito eclesial, que assuma com alegria (DAp 18 e 28) sua identidade na história e como discípulo missionário, que se constituem a partir do "encontro pessoal com Cristo" (DCE 12).

Este é um caminho necessário para todos os cristãos e vocações. "Ser sujeito eclesial significa ser maduro na fé, testemunhar amor à Igreja, servir aos irmãos e irmãs, permanecer no seguimento de Jesus, na escuta obediente à inspiração do Espírito Santo e ter coragem, criatividade e ousadia para dar testemunho de Cristo" (CNBB, Doc. 105, 119).

O Papa Francisco, com seu testemunho cristão e humano, nos seus escritos e pronunciamentos tem demonstrado de maneira incansável que o tempo (*kayros*) urge e que é preciso que cada qual atue, de acordo com sua vocação, a serviço do Reino de Deus na história, e é justamente neste contexto que ele convoca a Assembleia Eclesial com o tema dos Discípulos missionários em saída.

Para o Papa, a sinodalidade é um dos projetos do seu pontificado, e por este motivo não deve ser usada apenas como *slogan* e deve guiar o modo de ser e de agir da Igreja, a qual remete seu significado de "caminhar juntos".

Todo processo de escuta da voz viva do Povo de Deus – *sensus fidelium* (cf. Comissão Teológica Internacional, *O sensus fidei na vida da Igreja*, 74) – que antecedeu a Assembleia da América Latina e do Caribe tinha a preocupação de "descer, ver, ouvir e conhecer" (cf. Ex 3,7ss) "as alegrias e as esperanças, as tristezas e as angústias das mulheres e homens de hoje, sobretudo dos pobres e de todos aqueles que sofrem" (GS). Essa foi a base do Concílio Vaticano II e essa deve ser a preocupação dos cristãos e de toda a Igreja nos tempos atuais.

Toda escuta exige tempo (*chronos*), sensibilidade e empatia. Ouvir os gritos, o clamor, por mudança e por cuidado requer um exercício de discernimento para apresentar propostas e respostas. É sobretudo um caminho movido pelo dinamismo do Espírito para "renovar as mentalidades e as estruturas eclesiais, a fim de vivermos o chamamento que Deus faz à Igreja por entre os atuais sinais dos tempos" (*Vademecum*, 2021).

Na Exortação Apostólica *Evangelli Gaudium*, o Papa Francisco, com uma linguagem didática, indica escolhas para todos os cristãos renovarem sua pertença ao Povo de Deus e responder ao apelo de uma Igreja "em saída", ou seja, "cada cristão e cada comunidade há de discernir o caminho que o Senhor lhe pede, mas somos todos convidados a aceitar esta chamada: sair da própria comodidade e ter a coragem de alcançar todas as periferias que precisam da luz do Evangelho" (EG 20), tais como:

a) "[...] renovar hoje mesmo seu encontro pessoal com Cristo, ou, pelo menos, tomar a decisão de deixar se encontrar por Ele" (EG 3).
b) "[...] permitir que a alegria da fé comece a despertar, como uma secreta, mas firme confiança, mesmo no meio das piores angústias" (EG 6).
c) "Em toda a vida da Igreja, deve-se sempre manifestar que a iniciativa pertence a Deus, 'porque Ele nos amou primeiro' (1Jo 4,19) e é 'só Deus que faz crescer' (1Cor 3,7)" (EG 12).
d) "Todos têm o direito de receber o Evangelho. Os cristãos têm o dever de o anunciar, sem excluir ninguém, e não como quem impõe uma nova obrigação, mas como quem partilha uma alegria" (EG 14).
e) A alegria do Evangelho é uma alegria missionária (EG 21).
f) Chegamos ao centro da mensagem de Francisco! Ele convoca toda a Igreja para estar em estado permanente de missão, uma Igreja "em saída", e é justamente este tema que nos remete ao tema da Assembleia Eclesial:

> A Igreja "em saída" é a comunidade de discípulos missionários que "primeireiam", que se envolvem, que acompanham, que frutificam e festejam. Primeireiam – desculpai o neologismo –, tomam a iniciativa! A comunidade missionária experimenta que o Senhor tomou a iniciativa, precedeu-a no amor (cf. 1Jo 4,10), e, por isso, ela sabe ir à frente, sabe tomar a iniciativa sem medo, ir ao encontro, procurar os afastados e chegar às encruzilhadas dos caminhos para convidar os excluídos. [...] Ousemos um pouco mais no tomar a iniciativa! (EG 24).

Todos somos discípulos missionários em saída. "Vivendo neste mundo, definitivamente globalizado, o cristão leigo que não tem a consciência de ser sujeito corre o risco da alienação, da acomodação e da indiferença" (CNBB, Doc. 105, 71).

Os bispos afirmam, no Documento 105 da CNBB, que os "cristãos leigos e leigas na Igreja e na Sociedade" devem estar cientes de que "os grandes problemas humanos estão presentes em nível mundial e local e expõem por si mesmos as contradições do sistema (mundo globalizado)", a saber: desenvolvimento x pobreza; confiança no mercado x crises constantes; enriquecimento de uns x degradação ambiental; bem-estar de uns x exclusão da maioria; busca de riqueza x corrupção e tráfico; segregação dos grupos sociais privilegiados x segregação de bolsões de pobreza e miséria; redes sociais virtuais x indiferença real" (CNBB, Doc. 105, 75). É preciso dizer "não" a tudo isso, como nos exorta o Papa Francisco.

Para ser Igreja "em saída" é fundamental que cada cristão saiba discernir à luz do Divino Espírito Santo – a Divina *Ruah*, para atender a essa convocação. Uma tarefa essencial é compreender as linhas mestras da sua vocação, identidade, missão e espiritualidade, visto que, para "sair", é preciso dar razões da própria esperança (1Pd 3,15) e saber dialogar com as diversas realidades que se encontram no mundo.

A Assembleia Eclesial aconteceu em tempos de pandemia do coronavírus e por este motivo a grande maioria dos participantes participou *online* por plataformas digitais. A pandemia deixou dor, milhares de mortes, desemprego, medo e solidão, escancarou a pobreza e a terrível situação de vulnerabilidade social, violência doméstica e sexual com crianças, adolescentes, mulheres e idosos.

Nesse sentido, ficou ainda mais urgente a chamada do Papa Francisco, a "sair em direção dos afastados, dos excluídos [...] sair em direção às periferias humanas" (EG 46). Para Francisco, uma Igreja fechada em seus muros e dogmas, não corresponde às exigências do Evangelho. É preferível, afirma o Papa, "uma Igreja acidentada, ferida e enlameada por ter saído pelas estradas, a uma Igreja enferma pelo fechamento e a comodidade de se agarrar às próprias seguranças" (EG 49).

1. Companheira Maria, discípula missionária de Jesus

Olhemos para uma mulher, a companheira Maria, que antecede a todos nós como primeira discípula missionária de Jesus Cristo. Ela escuta a Palavra de Deus, guarda no coração e a coloca em prática. Na fidelidade ao projeto de Deus, na sensibilidade genuína de quem busca colaborar com seu Deus, e no desejo de "sair apressadamente" para anunciar as maravilhas que o Senhor realizou ao olhar para os mais humildes, Maria sente essa realidade na própria vida.

Ela, que é tipo de modelo da Igreja (LG 53), nos convida a avançar. Avançar para águas mais profundas (cf. Lc 5,4) a fim de que a Igreja não se acomode em estruturas, cargos e funções. Ela se coloca a serviço e nos ensina com seu ser mulher, leiga, jovem e mãe, como servir o Reino de Deus com total disponibilidade, se colocando a serviço do projeto de Deus (cf. Lc 1,26s). Ela que, pela piedade popular, é lembrada como a Mãe das Dores, da Esperança, é a *Morenita* de Guadalupe, é a Mãe de tantos nomes, a qual se aproxima da linguagem, da cultura e das necessidades de cada povo.

O Papa Francisco comenta que "Maria é aquela que sabe transformar um curral de animais na casa de Jesus, com uns pobres paninhos e uma montanha de ternura. Ela é a serva humilde do Pai, que transborda de alegria no louvor. É a amiga solícita para que não falte o vinho na nossa vida" (EG 286).

Ao contemplar Maria, a mulher de fé, a Igreja se compromete em assumir um estilo mariano na atividade evangelizadora da Igreja. Ela que é sinal de esperança para os povos que sofrem as dores. Ela como a missionária que se aproxima de nós (EG 286). "Porque, sempre que olhamos para ela, voltamos a acreditar na força revolucionária da ternura e do afeto" (EG 287).

Todas e todos somos discípulas e discípulos missionários "em saída". O tema da Assembleia Eclesial, resumido ao gênero masculino "todos", reduziu igualmente a quantidade de mulheres no evento, apenas 36% do total de participantes.

Já é hora de superar o lamento da V Conferência Episcopal de Aparecida e partir para ações que incluam as mulheres nos espaços de decisão da Igreja, bem como os ministérios e o diaconato feminino: "Não se valoriza nem se promove adequadamente sua indispensável e peculiar participação (da mulher) na construção de uma vida social mais humana e na edificação da Igreja" (DAp 453), e que "na América Latina e no Caribe é necessário superar a mentalidade machista que ignora a novidade do cristianismo, onde se reconhece e se proclama a igual dignidade e responsabilidade da mulher em relação ao homem" (DAp 453).

Em vista disso, um dos 12 desafios pastorais prioritários da Igreja na América Latina e Caribe, escolhido pelos participantes da Assembleia Eclesial, é o de "promover a participação das mulheres em ministérios, órgãos governamentais, discernimento e tomada de decisões". Mais uma vez, o tema da participação e da ministerialidade da mulher na Igreja fora retomados nesse evento e, assim como já tinha sido apresentado como prioridade no Sínodo da Amazônia, a instituição do diaconato feminino não avançou.

2. Os 12 desafios pastorais prioritários

Os desafios pastorais apontados como prioridades na ação pastoral da Igreja na América Latina e Caribe precisam ser amplamente conhecidos para que os ecos destas urgências permeiem a ação pastoral nas bases das nossas comunidades; é lá que a vida acontece e que as pessoas recebem o *Kerygma* (primeiro anúncio) e decidem seguir e participar do Movimento de Jesus.

Obviamente, o simbólico número 12, entre tantos desafios, não abarca as diversas situações de atenção, cuidado, de ações pastorais e estruturais para uma profunda conversão da Igreja. Citamos, por exemplo, a ausência das Comunidades Eclesiais de Base, que não aparecem nesta lista.

Todavia, elencaremos os 12 desafios com o propósito de fazê-los conhecidos:

1. Reconhecer e valorizar o papel dos jovens na comunidade eclesial e na sociedade como agentes de transformação.
2. Acompanhar as vítimas de injustiças sociais e eclesiais com processos de reconhecimento e reparação.
3. Promover a participação ativa das mulheres em ministérios, órgãos governamentais, discernimento e tomada de decisões eclesiais.
4. Promover e defender a dignidade da vida e da pessoa humana desde a sua concepção até o seu fim natural.
5. Aumentar a formação da sinodalidade para erradicar o clericalismo.
6. Promover a participação dos leigos em espaços de transformação cultural, política, social e eclesial.
7. Ouvir o grito dos pobres, excluídos e descartados.
8. Reformar os itinerários formativos dos seminários, incluindo temas como ecologia integral, povos nativos, inculturação e interculturalidade e pensamento social da Igreja.
9. Renovar, à luz da Palavra de Deus e do Vaticano II, nosso conceito e experiência da Igreja do Povo de Deus, em comunhão com a riqueza de sua ministerialidade, que evita o clericalismo e favorece a conversão pastoral.

10. Reafirmar e dar prioridade a uma ecologia integral em nossas comunidades a partir dos quatro sonhos da Querida Amazônia.
11. Promover um encontro pessoal com Jesus Cristo encarnado na realidade do continente.
12. Acompanhar os povos nativos e afrodescendentes na defesa da vida, da terra e das culturas.

Portanto, vale recordar que a oportuna e necessária retomada do Documento Conclusivo de Aparecida só fará sentido para as/os discípulas(os) missionários de Jesus Cristo, em saída, se cada qual assumir sua fé na corresponsabilidade e maturidade cristã, com a certeza que caminha com Cristo, como parte do Corpo místico de Cristo, que é a Igreja.

3. O que essa temática implica em nosso protagonismo e na nossa ação pastoral na Igreja no Brasil?

No artigo De Puebla às Diretrizes da Ação evangelizadora da CNBB 2019-2023, concluímos que "*Evangelizar* e à *luz da evangélica opção preferencial pelos pobres*, são as duas expressões presentes em todos os objetivos das Diretrizes Gerais da Ação evangelizadora no Brasil. Evangelizar é anunciar a Boa Notícia de Jesus. E não há quem mais necessite dessa Boa Notícia que os pobres, sobretudo no território latino-americano".

Como discípulas e discípulos missionários, é fundamental deixar-se guiar por uma espiritualidade encarnada caracterizada pelo "seguimento de Jesus, pela vida no Espírito, pela comunhão fraterna e pela inserção no mundo" (CNBB, Doc. 105, 184). O Concílio Vaticano II recomenda que alimentemos nossa espiritualidade na Palavra e na Eucaristia, "fonte e centro de toda a vida cristã" (LG 11).

A espiritualidade encarnada precisa ser uma espiritualidade de comunhão que faz de toda a Igreja uma comunidade missionária. Portanto, "sem a espiritualidade de comunhão e missão caímos nas 'máscaras de comunhão', e damos espaço ao terrorismo da fofoca, às suspeitas, ciúmes, invejas que são sentimentos e atitudes destrutivas" (CNBB, Doc. 105, 194).

Ser discípulos missionários é ser "evangelizadores com Espírito", afirmou acertadamente o Papa Francisco.

> Do ponto de vista da evangelização, não servem as propostas místicas desprovidas de um vigoroso compromisso social e missionário, nem os discursos e ações sociais e pastorais sem uma espiritualidade que transforme o coração. Estas propostas parciais e desagregadoras alcançam só pequenos grupos e não têm força de ampla penetração, porque mutilam o Evangelho. É preciso cultivar sempre um espaço interior que dê sentido cristão ao compromisso e à atividade (EG 262).

Para Francisco, precisamos rezar e trabalhar, e "desenvolver o prazer espiritual de estar próximo da vida das pessoas" (EG 268), pois "às vezes sentimos a tentação de ser cristãos, mantendo uma prudente distância das chagas do Senhor. Mas Jesus quer que toquemos a miséria humana, que toquemos a carne sofredora dos outros" (EG 270).

A maioria dos cristãos batizados não assume seu discipulado e sua missão. Esse dado foi tratado e teve como conclusão no Documento de Aparecida que "cada Diocese necessita fortalecer sua consciência missionária, saindo ao encontro dos que ainda não creem em Cristo no espaço de seu próprio território e responder adequadamente aos grandes problemas da sociedade na qual está inserida. Mas também, com espírito materno, é chamada a sair em busca de todos os batizados que não participam na vida das comunidades cristãs" (DAp 168).

É perceptível a realidade nas comunidades cristãs do impedimento ao protagonismo dos cristãos leigos e leigas nos espaços de decisão, seja nos Conselhos paroquiais, diocesanos e em outras iniciativas da esfera eclesial. Concomitantemente é lamentável perceber que a disponibilidade e a entrega de inúmeros cristãos são rechaçadas por ministros ordenados, promovendo a centralização nas mãos do clero.

É neste sentido que o Papa Francisco, no encontro com jovens italianos no Circo máximo, em agosto de 2018, disse que "o clericalismo, que não é só dos clérigos, é um comportamento que diz respeito a todos nós: o clericalismo é uma perversão da Igreja", e completou: "Onde não há testemunho, não há o Espírito Santo".

4. Quais frutos desejamos colher da Assembleia Eclesial como discípulos missionários de Jesus em saída?

A exemplo de Maria, que no seu *Magnificat* exalta em louvor ao reconhecer que a energia do alto é a força dinamizadora do seu Deus, também os cristãos são chamados a se configurarem (ou se conformarem) com Cristo. A alegria que invade a vida de Maria, sua fidelidade e sua missão como discípula missionária de Jesus estão muito distantes de qualquer projeto de vida e de sociedade que seja intimista, individualista, imperialista e/ou de morte.

O tempo urge! Os que planejam o descaso e a morte do povo não dormem. Estamos todos vivendo as crises social, econômica, cultural e política; no entanto, as consequências são demasiadamente diferentes para cada grupo social.

E na Igreja são muitos os desafios para uma efetiva conversão pessoal e pastoral, e nas estruturas. No entanto, enquanto não se investir na formação integral e permanente do Povo de Deus, teremos meros repetidores, sem interesse em assumir a sua fé encarnada, na Igreja e na sociedade.

A Igreja é chamada a ser sinal e promotora do Reino de Deus, e conta com todos os batizados e batizadas, e com outras pessoas de boa vontade, para que cumpra sua missão. Ao laicato, os bispos da Igreja no Brasil incentivaram a "acreditarem na própria vocação como sujeitos de uma missão específica [...] convictos da própria responsabilidade, dispostos a acolher desafios, alegres em abrir caminhos novos na construção no Reino do Senhor Jesus, reino da verdade e da vida, reino da justiça, do amor e de paz" (CNBB, Doc. 105, 277).

Referências bibliográficas

CELAM. *Documento de Aparecida*: texto conclusivo da V Conferência Geral do Episcopado Latino-Americano e do Caribe. São Paulo: Paulinas, 2007.

CNBB. *Cristãos leigos e leigas na Igreja e na sociedade*: sal da terra e luz do mundo (Mt 5,13). São Paulo: Paulinas, 2016. (Documentos da CNBB 105).

CONCÍLIO ECUMÊNICO VATICANO II. Constituição dogmática *Lumen Gentium* sobre a Igreja. In: *Compêndio do Concílio Vaticano II*: mensagens, discursos e documentos. São Paulo: Paulinas, 1998.

FRANCISCO. Exortação Apostólica *Evangelii Gaudium*: sobre o anúncio do Evangelho no mundo atual. São Paulo: Paulinas, 2013.

VADEMECUM para o Sínodo sobre a Sinodalidade. Publicado pela Secretaria Geral do Sínodo dos Bispos. *Via della Conciliazione* 34, Cidade do Vaticano, set. 2021. Traduzido pelo Secretariado Geral da Conferência Episcopal Portuguesa. Disponível em https://www.cnbb.org.br/wp-content/uploads/2021/09/PT-Vademecum.pdf. Acesso em: 09 dez. 2021.

4. Metodologia e procedimentos para a criação de uma cultura de sinodalidade

Hugo Cáceres, CFC[1]

Duas semanas após o fim da Assembleia Eclesial, ainda tenho muitas emoções, alegrias e tristezas, que foram provocadas pelo encontro virtual com centenas de pessoas chamadas a abrir o caminho para a modalidade sinodal. Em geral, creio que apenas responder ao convite de Francisco para empreender a viagem sinodal com uma participação heterogênea, que inclua não só homens e mulheres católicos como também fiéis de outras religiões, outros cristãos sem comunhão com Roma e alguns não crentes, era uma possibilidade extraordinária de experimentar pelo menos alguns momentos sinodais. Por outro lado, gostaria de estabelecer um limite para qualquer metodologia utilizada. A metodologia "A" ou metodologia "B" é menos importante que a Assembleia propriamente dita, que foi, sem dúvida, uma expressão de fé, uma nova prática da identidade católica, uma reunião dos batizados, a criação temporária de uma comunidade intencional, real e virtual composta de centenas de crentes de forma reflexiva e dialógica. Uma expressão sem precedentes da sacramentalidade da unidade eclesial.

Agora, se me perguntarem se a metodologia proposta pela organização era adequada, eu diria que foi boa até os dois primeiros dias

---

[1] Hugo Cáceres é frade da Congregação dos Irmãos Cristãos. Fora do universo escolar, se dedica a explorar uma espiritualidade que abraça os interesses contemporâneos, nomeadamente em relação à Bíblia e à perspectiva de gênero. Reside em Lima e é autor do livro *Jesús el Varón: aproximação à sua masculinidade* (Verbo Divino, 2012). Participou da Assembleia Eclesial como assembleísta.

da Assembleia, mas uma súbita mudança de rumo afetou o encerramento desta fase do processo.

Em suma, acredito que a decisão de "ouvir" durante um longo período de tempo (os seis meses da fase preparatória da Assembleia) foi o primeiro passo certo e foi o grande tesouro da experiência sinodal da Igreja latino-americana. A equipe que resumiu a experiência de audição no Documento de Discernimento também fez um trabalho extraordinário de síntese de grande valor sinodal; um documento corajoso e inteligente que resumiu de forma extraordinária e fiel tudo o que foi ouvido nos seis meses anteriores. Atrevo-me a dizer que se há algo escrito que sobreviverá a esta reunião, é esse documento.

Aqueles de nós que acompanharam o processo desde o início esperavam ansiosamente pela síntese de centenas de contribuições, vozes da cidade e do campo, das comunidades e organizações, dos leigos e do clero que levaram adiante o convite de Francisco; de fato, o Guia Metodológico para a Etapa de Escuta foi "concebido para que os agentes da Igreja possam aproximar-se daqueles considerados improváveis nestes processos [...] para que esta Assembleia Eclesial não seja uma elite separada do povo santo de Deus". O atraso na entrega, confesso, causou-nos alguma apreensão, mas valeu a pena porque, quando tivemos o documento em nossas mãos, apenas alguns dias antes do início da Assembleia, gerou um suspiro de espanto e aprovação. Confesso que dei graças a Deus, porque não pensava que nos meus dias veria uma agenda tão clara e audaciosa para avançar no caminho da sinodalidade, acompanhando os processos de transformação social do nosso continente e empreendendo as reformas eclesiásticas necessárias.

No processo de escuta de um semestre e na capacidade de síntese da equipe que "digeriu" (ou processou) todas as contribuições, nas semanas seguintes, foram traçados os passos metodológicos que qualquer viagem sinodal deve incluir. Ouvir, escutar e uma equipe multidisciplinar mista (leigos e clero, homens e mulheres, trabalhadores oficiais da Igreja e convidados temporários) com a capacidade de nomear assuntos difíceis e que não "filtraram" tópicos desconfortáveis, mas sim preservaram com honestidade e abertura as conversas "no terreno" (ou seja, longe dos espaços clericais habituais).

Nesta primeira experiência sinodal aprendemos que, a menos que as mentes e os corações dos simples participantes e dos organizadores sejam transformados em questões práticas ao nível dos procedimentos e da metodologia, estas reuniões de massa não serão mais do que mudanças cosméticas, sem tocar nas questões essenciais da agenda da reforma estabelecida pelo Papa Francisco.

1. Procedimentos que impedem "conflitos de interesses"

Repito que o primeiro passo, chamado tempo de escuta, foi o primeiro sucesso da viagem sinodal. Embora o clero tenha participado, o número de vozes leigas, mulheres e crentes com interesses e visões diversas da Igreja no seu contexto latino-americano mais vasto, assegurou que os interlocutores tradicionais das conversas eclesiais (homens clericais) eram na realidade poucos na proporção da multidão de crentes que foram convidados a participar. Esta presença, desejosa de ter a sua voz ouvida, garantiu que o processo estivesse livre de "conflito de interesses", um pecado mortal que afeta qualquer processo de discernimento.

Reconheçamos que os mais interessados em preservar o clericalismo são os clérigos e timoratos leigos que ganham vantagem e proteção de uma Igreja clerical. Enquanto houver interesses em conflito, a igreja permanecerá a mesma, incapaz de se autorreformar. Enquanto os resultados de uma consulta honesta aos católicos leigos forem processados por uma elite clerical com sérios conflitos de interesses (sem perda de vantagem, sem redução no exercício do poder e privilégios, sem modernização do controle pastoral), não haverá sinodalidade.

2. Procedimentos que reduzem a distância entre clero e leigos

No meu grupo de trabalho, enriquecido pela presença de homens e mulheres leigos muito assertivos para participar de certas questões, tradicionalmente atribuídas aos clérigos, tais como programas de formação em seminários, juntamente com um cardeal, três bispos e alguns sacerdotes, senti-me tremendamente desconfortável com o uso de vocativos de sacristia: "excelência", "monsenhor", "padre", que, pelo menos em contextos sinodais, deveria ser reduzido ao nome de batismo ou no mínimo a "irmão bispo", "irmão presbítero". Penso que o próprio clero do meu grupo se sentiu desconfortável com este tratamento repetitivo por parte do facilitador. A sinodalidade é expressa em tratamento fraterno; a ênfase excessiva em tratamentos hierárquicos simplesmente afasta os membros do Povo de Deus ("Vocês, porém, não deixem que os chamem de mestres, pois um só é o Mestre de vocês, e vocês todos são irmãos. Na terra, não chamem ninguém de pai, pois um só é o Pai de vocês" [Mt 23,8-10]). Para não mencionar o empurrão de um clérigo proeminente que reivindicou centralidade nas fotos e deslocou uma mulher líder e representante de um importante coletivo.

3. Procedimentos que reconhecem e honram a diferença de gênero e de minorias

Foi mencionado pela mesma mesa organizadora que, embora a maioria dos membros ativos na Igreja sejam mulheres, os participantes na Assembleia não honraram essa diferença de gênero (apenas 36% mulheres e 64% homens). Esta desigualdade tem raízes profundas na prática da representação em ambientes eclesiásticos. A mesma observação pode ser feita em relação às minorias, cujos rostos faltavam na Assembleia (maioria dos membros das grandes cidades, presença escassa de povos indígenas e de afrodescendentes). Estas deficiências na composição dos membros da assembleia não são da responsabilidade da organização, mas são simplesmente o resultado dos limites estabelecidos pela conexão com a Internet, horários de trabalho, disponibilidade etc. Na fase de escuta, a população participante era muito mais heterogênea, porém seriam necessários alguns procedimentos para que as suas contribuições fossem preservadas ao longo de todo o processo da Assembleia.

4. Procedimentos litúrgicos refletindo a sinodalidade

As tarefas da comissão de espiritualidade e a elaboração das orações de abertura e liturgias de encerramento foram ricas e variadas, sensíveis às diversidades culturais e inspiradoras para o processo sinodal. Mesmo assim, as Eucaristias continuaram a representar o patriarcado e o romantismo da Igreja de uma forma que estava muito desajustada em relação ao que a Assembleia pretendia ser. A persistência destes espaços fechados e intocáveis é antissinodal, e pelo menos nas assembleias que afirmam ser (darem) passos para uma forma diferente de ser Igreja, deve permitir a experimentação em espaços sinodais de celebração. Celebramos aquilo em que acreditamos e celebrações não podem desviar a atenção do que nos tem chamado a caminhar juntos.

5. Uma metodologia que favoreça a escuta em todas as etapas da Assembleia

É bem conhecido nos processos organizacionais que a urgência de ter um resultado escrito pode levar à condenação do próprio processo. Este é frequentemente o caso no mundo eclesial, onde sofremos de um pânico para não mostrar resultados em documentos. Não basta dizer que nos encontramos para ouvir uns aos outros e que o fizemos com respeito, abertura e admiração, e esta atitude foi mantida como fruto do Espírito do princípio ao fim. Alguns diriam que sofremos de *documentitis*, cujos volumes incham as prateleiras eclesiásticas, mas não têm poder de transformação. Creio que nesta Assembleia o processo de escuta foi sacrificado e o Documento de Discernimento foi deixado de lado; o processo sinodal deixou de ser sinodal na pressa de apresentar quarenta e uma afirmações que tocam muito superficialmente a realidade eclesial. Por exemplo, no período de escuta, a ligação entre clericalismo, maus-tratos a leigos e permissividade dos abusos e o fato de estes males terem sido incubados na formação dada nos seminários, ressoou fortemente. Esta ligação perversa foi tornada invisível na pressa de redigir as quarenta e uma afirmações. Tal era a nossa incerteza que nos perguntávamos se os redatores tinham ou não lido a enorme quantidade de material reunida na fase de escuta ou se o Documento de Discernimento era demasiado perigoso para ser levado a sério nas direções que seriam tomadas no final da Assembleia.

A COP 26 reuniu milhares de organizações em Glasgow para chegar a um consenso sobre medidas de emergência para manter o aquecimento global abaixo dos 2° e atingir 1,5°, reduzindo as emissões de carbono a zero até 2050. No entanto, as organizações de base salientaram que, enquanto os governos mais poderosos do mundo, responsáveis pelas maiores emissões de carbono, não fizerem os ajustamentos necessários às suas economias e políticas de consumo energético, esta COP seria reduzida a um "blá, blá, blá" (Greta Thunberg) e a uma bela imagem que conduzirá a uma inevitável catástrofe climática.

Mutatis mutandi, creio que a organização desta Assembleia Eclesial em modo sinodal teve o caráter de emergência para evitar que a Igreja fosse reduzida a uma curiosidade museológica em meados deste século. Portanto, os procedimentos e a metodologia devem funcionar de acordo com o ousado convite de Francisco, caso contrário seremos apenas "como um sino que soa ou um címbalo que ressoa" (1Cor 13,1); um grupo bem-intencionado que finge ser sinodal, mas que, na prática, não se atreve a recriar as suas estruturas eclesiásticas.

5. As CEBs na Primeira Assembleia Eclesial da América Latina e Caribe

Marilza José Lopes Schuina[1]

"Todos somos discípulos missionários em saída." Este foi o lema da Assembleia, cantado repetidas vezes no hino que embalou o ritmo da Primeira Assembleia Eclesial da América Latina e do Caribe. Uma Assembleia, expressão do Povo de Deus, que teve como objetivo retomar o Documento de Aparecida (2007), resgatando assim a eclesiologia da Igreja Povo de Deus marcada pelo Concílio Vaticano II, uma Igreja libertadora, ministerial, sinodal. É o primeiro passo de um longo caminho de efetiva participação de todo o Povo de Deus nos âmbitos e espaços de decisões na Igreja:

> O fato de ter sido uma Assembleia Eclesial e não uma Conferência Geral do Episcopado Latino-Americano e Caribenho não só aponta como também confirma e fortalece a prática de "pastoral orgânica", através das Assembleias Nacionais dos Organismos do Povo de Deus, que há 30 anos vêm sendo realizadas pela Igreja no Brasil. A questão é que, por não serem suficientemente conhecidas e valorizadas, não são, também, reconhecidas pela maioria dos cristãos e têm ficado em segundo plano. Vejo, com clareza, que a Assembleia Eclesial da América Latina e do Caribe foi uma grande Assembleia Continental do Povo de Deus, em que cada delegado e delegada, no caso do Brasil, foi apresentado/a pelo respectivo Organismo do Povo de Deus que o congrega

---

1 Marilza José Lopes Schuina tem graduação em Pedagogia, pós-graduação em Avaliação Educacional pela UFMT, especialização em Liturgia pela Faculdade de Teologia Nossa Senhora da Assunção/SP. Integra a Ampliada Nacional das CEBs e o secretariado para o 15º Intereclesial das CEBs do Brasil. Participou da Assembleia Eclesial como assembleísta.

e representa (Conselho Nacional do Laicato do Brasil/CNLB, Conferência Nacional dos Institutos Seculares do Brasil/CNISB, Conferência dos Religiosos do Brasil/CRB, Comissão Nacional dos Diáconos/CND, Comissão Nacional dos Presbíteros/CNP, Conferência Nacional dos Bispos do Brasil/CNBB) (depoimento de Laudelino Augusto dos S. Azevedo).[2]

Na missa de abertura da Assembleia Eclesial, no dia 21/11/21, Dom Miguel Cabrejos, presidente do CELAM, arcebispo de Trujillo, disse:

> Esta Primeira Assembleia Eclesial, semelhante à Conferência de Medellín, é um evento histórico. Se recordamos, Medellín foi a "recepção criativa" do Concílio Vaticano II, num contexto marcado pela pobreza e exclusão; e este novo evento eclesial com o objetivo de "reavivar Aparecida", na qual se reafirmou a renovação conciliar, busca contribuir para uma "segunda recepção" do Vaticano II no novo contexto em que vivemos.

Seguir recepcionando criativamente o Concílio Vaticano II implica assumir uma Igreja Sinodal, libertadora, profética; uma Igreja do caminhar juntos, para fora, em saída para as "periferias geográficas e existenciais", que vai junto e ao encontro com os pobres, as pobres, os excluídos e excluídas, todos e todas discípulos/as missionários/as de Jesus Cristo, em permanente estado de missão. Uma Igreja que tem como centro de sua missão evangelizadora a defesa da vida (DAp 366) e a concretização do Reino de Deus no mundo (EG 176).

Uma Igreja Sinodal, ministerial, que valoriza a diversidade na unidade, acolhedora dos ministérios e serviços; uma Igreja da escuta, que garante, legitima e reconhece o espaço das mulheres com poder de decisão e de sua importante contribuição para a comunidade

---

[2] Assessor da Comissão Episcopal Pastoral para o Laicato, da CNBB.

eclesial (EG 103); uma Igreja da igualdade e dignidade vocacional, onde todos estão capacitados a participar efetivamente na missão evangelizadora da Igreja (LG 9,10). Todo batizado é um sujeito ativo da evangelização, independentemente da própria função na Igreja e do grau de instrução de sua fé (cf. EG 120). Portanto, uma Igreja que diz "não" ao clericalismo e reconhece, no ministério de animação comunitária realizado pelos cristãos leigos e leigas como fruto do seu batismo, os sujeitos na Igreja e na sociedade (DAp 497a); uma Igreja de uma profunda conversão pastoral (DAp 368), com mudança de mentalidades e estruturas, que promova a descentralização do poder, reorganize a paróquia em rede de comunidades (CNBB, Doc. 100); uma Igreja inserida, encarnada na vida do povo, de relações de igualdade, que promova a ampla participação de todos e todas nos processos de discernimentos e decisão.

Esta breve reflexão sobre uma Igreja sinodal é para nos situar no propósito da Primeira Assembleia Eclesial, cujo itinerário sinodal quer refletir e responder à pergunta: "Quais os novos desafios para a Igreja na América Latina e Caribe, à luz da V Conferência Geral de Aparecida, dos sinais dos tempos e do Magistério do Papa Francisco?".

A Primeira Assembleia Eclesial aconteceu depois de "um longo caminho percorrido juntos, escutando a todos e todas, sentindo como é belo ser membro do Corpo Místico de Cristo, protagonistas e corresponsáveis pela evangelização como discípulos missionários" (cf. Dom Miguel Cabrejos). Este caminho teve dois momentos: a escuta feita de abril a agosto de 2021 e a realização da Assembleia de 21 a 28 de novembro de 2021.

O primeiro momento de escuta propiciou o protagonismo de todo o Povo de Deus, em um itinerário eclesial/pastoral de profunda sinodalidade – a participação de todos, em grupos, em comunidade ou pessoal. Dele puderam participar pessoas de boa vontade, católicas ou não, participantes da vida eclesial ou da sociedade. Processos de escuta foram realizados nos diversos espaços da Igreja.

O segundo momento, a realização da Assembleia em si, foi um marco importante que despertou grande entusiasmo e esperança dos participantes; no entanto, teve problemas metodológicos, desfavorecendo uma efetiva participação dos assembleístas, como bem nos fala os cristãos leigos e leigas presentes na Assembleia, através de uma carta enviada à coordenação da Assembleia:

> Mesmo com as dificuldades da realização de uma atividade no formato híbrido, sentimos falta do método ver, julgar e agir, muito utilizado nas Conferências do CELAM, que tem como princípio fundamental ver os "rostos sofredores que doem em nós", rostos de irmãos e irmãs que sofrem opressão e que nos impulsionam a agir em favor de sua libertação. A metodologia adotada revelou-se inadequada para captar as contribuições que fugiam aos esquemas propostos. Foi frustrante perceber que muitas contribuições dadas nos primeiros trabalhos em grupo de discernimento não foram consideradas na síntese do dia seguinte.[3]

Em depoimento para a Ampliada Nacional das CEBs, Tea Frigerio nos diz:

> Desde as duas reuniões pré-assembleia deu para perceber que a metodologia seja por ser virtual, seja porque escolhida não permitiria muita liberdade de participação e, querendo ou não querendo, direcionada e facilmente manipulada pelas equipes de secretaria (talvez nem sempre intencionalmente, mas pela visão teológico-eclesial das pessoas; a equipe de coordenação e secretaria oficial pouco representativa do ponto de vista laical). A intuição inicial se confirmou na própria vivência da assembleia, gerando o desconforto que perpassou em várias instâncias.

---

[3] Veja carta completa em: https://www.cnlb.org.br/?p=8653.

> Poderia dizer que havia 3 tipos de falas caminhando paralelamente: a oficial que, se vestindo de sinodalidade e se ancorando em Papa Francisco, se apresentava progressista mas não transformadora (corrigir o modelo eclesial hierárquico, mas não transformar, e nem sempre a fala correspondia ao fatos); a dos testemunhos, sobretudo laical, da inculturação que aponta a acolhida e respeito das diferentes expressões religiosas, transformação do modelo eclesial vivido na prática em experiências locais; enfim, a voz de quem se equilibra entre as duas falas. O chamado à conversão pastoral, à sinodalidade não conseguiu aterrissar em propostas concretas. O método escolhido nos trabalhos de grupos e o afunilamento deles foi profundamente decepcionante e, de certo modo, fácil de manipulação. Me chamou a atenção as muitas citações ao Papa Francisco, Aparecida, Vaticano II (nesta ordem) e pouco à Palavra de Deus.

Uma ausência nesse processo, entre outras, foi a omissão às Comunidades Eclesiais de Base, pouco citadas nos diversos documentos produzidos, negando, em certa medida, essa rica experiência de uma Igreja Sinodal, uma Igreja libertadora, práxis vivenciada na Igreja da América Latina e do Caribe há mais de cinquenta anos. Experimentamos o silenciamento das CEBs.

> Inúmeras CEBs, movidas por uma espiritualidade libertadora e convictas de serem uma concretização da Igreja Católica, não têm o decidido reconhecimento de sua eclesialidade pelos pastores e instituições eclesiásticas, apesar de constarem nos documentos do magistério latino-americano. Portanto, elas experimentam marginalização, isolamento e invisibilidade (articulação continental das CEBs, setembro de 2021).

O Documento para o Discernimento, por exemplo, tem ao todo "163 parágrafos e em apenas um se encontra a expressão Comunidades Eclesiais de Base: é o número 95, que se refere a elas e à Comunidade de Vida Cristã" (CVX) como espaços onde pessoas

LGBTQIA+ se sentem acolhidas pela Igreja. É uma referência muito positiva, certamente, mas as CEBs são mais do que um espaço acolhedor a quem sofre discriminação:

> 95. Em referência ao que dá esperança, mencionam-se "Comunidades Eclesiais de Base"; "espaços como o Padis+ (Pastoral da Diversidade Sexual), da Comunidade de Vida Cristã (CVX), que acolhem e constroem o que é positivo"; "algumas novas instâncias eclesiais [...] que promovem a participação dos leigos e o respeito pela diversidade sexual"; "participação dos cidadãos e movimentos sociais que oferecem novas possibilidades de diálogo, mais centrados na pessoa e no bem comum, questionando o modelo atual".

No número 63, o Documento para o Discernimento (DpD) usa uma expressão nova ao referir-se a um clero que se encontra distante da realidade. Fico me perguntando se esta forma inusitada de escrever "*comunidades de base, eclesiales y grupos laicales*" teria sido um equívoco gráfico referindo-se às CEBs ou a outras formas de comunidades.

> 63. Quanto à Igreja, alguns a veem como fechada sobre si mesma: "dói-nos que a nossa Igreja tenha dificuldade em aproximar-se da outra..." (SN, p. 23). Também prejudica o clericalismo, a violência pastoral – expressa na falta de atenção, acolhimento e acompanhamento – e a exclusão produzida pela Igreja em relação a pessoas de diversidade sexual. Pedimos para ter cuidado com as expressões de um clero que está distante da realidade, que não tem qualquer abordagem às comunidades de base, grupos eclesiais e leigos (SN, p. 23).

No parágrafo 131, usa-se a expressão já utilizada em outros documentos do magistério, que são as "pequenas comunidades de base". No DpD, elas aparecem como lugar de crescimento e promoção das mulheres: "Poderia haver mais 'incentivo e organização de pequenas comunidades de base para o crescimento e promoção das mulheres', nas quais, 'a partir da Palavra, elas partilham a vida e a sua história'" (SN, p. 93).

O clamor da mulher na Igreja tomou conta dos grupos, dos testemunhos, muito embora nos trabalhos da Assembleia, como, por exemplo, na moderação/coordenação, falavam, coordenavam os homens, e homens brancos. As mulheres conferencistas foram religiosas e, mesmo falando sobre as mulheres, teria sido uma assembleia mais sinodal se as mulheres cristãs leigas pudessem falar, expressar seu clamor. Uma ausência justamente desse rosto da mulher negra, indígena, jovem. É preciso cada vez mais descer ao chão latino-americano e caribenho. O rosto de nossa Igreja é branco e masculino. Nas CEBs, são as mulheres as principais lideranças e participantes. São elas que animam e desenvolvem com criatividade os ministérios e serviços. Uma diaconia solidária e profética, circular, que, embora muitas vezes não seja reconhecida pela Igreja institucional, cujo clericalismo e patriarcado predominam, garante e evidencia a possibilidade de uma Igreja sinodal.

Contudo, ainda é preciso impulsionar a presença e atuação da mulher na Igreja, que seja reconhecido a ministerialidade da mulher para vencer o clericalismo arraigado em nossas mentalidades e estruturas: "As CEBs enfatizaram a participação de mulheres e as promoveram como protagonistas em suas respectivas comunidades. Hoje é sujeito eclesial fundamental na vida das comunidades" (CEBs do Brasil, 3ª Carta às comunidades, 2020).

Durante a Assembleia, os conferencistas pouco ou nada falaram das CEBs. Pe. Fidel Oraño, na sua reflexão para a Assembleia em 22 de novembro – A centralidade de Jesus Cristo e sua Palavra em nossa ação pastoral –, chama a atenção para a prática da leitura popular da Bíblia que fazem as comunidades eclesiais de base:

Este é o exercício do qual a Igreja na América Latina se tornou pioneira, desde as comunidades eclesiais de base e a todos os níveis com a leitura popular da Bíblia e a *Lectio Divina* adaptada a todas as áreas da vida eclesial. Partimos da realidade, sim, mas também partimos da Palavra.

Nos documentos e nas conferências, na maioria das vezes, foi utilizado genericamente o termo "comunidade" ou "comunidade eclesial". É um desafio recuperar uma das contribuições mais importantes da América Latina e do Caribe para a sinodalidade da Igreja.[4]

Nos grupos de trabalho, entretanto, as CEBs apareceram com força, tanto que constavam da lista dos 41 desafios pastorais elaborados: *desafio de número 16 – Promover com mais decisão as comunidades eclesiais de base (CEBs) e as pequenas comunidades como experiência da Igreja sinodal.*

Ao mesmo tempo que as CEBs surgem nas reflexões dos grupos, elas desaparecem na síntese final dos desafios. Por isso a necessidade de reafirmar a eclesialidade e o valor das CEBs para a Igreja e a vida de nossos povos (DAp 178):

> Apesar das dificuldades impostas pela atual situação política, econômica, social, sanitária, ambiental e eclesial da América Latina e Caribe, a experiência de mais de cinco décadas de existência – desde sua definição pela Conferência de Medellín como "célula inicial de estruturação eclesial e foco evangelizador" (Med. 15,10) – mostra que as CEBs desempenham fielmente sua missão evangelizadora. Medellín assinalou, portanto, que "elas são um fator primordial de promoção

---

4 Isso, de certa maneira, nos remete às atuais Diretrizes da Ação Evangelizadora da Igreja no Brasil, ao utilizar a terminologia Comunidades Eclesiais Missionárias, e não mais Comunidades Eclesiais de Base. Qual a intencionalidade que está por trás dessa iniciativa? Sabemos que a natureza das CEBs já é ser missionária, e essa função elas já desempenham desde que nasceram sob a inspiração de Medellín. Nesse sentido, é importante reafirmar a forte característica das "bases", que é onde ela se sustenta.

humana e desenvolvimento". Elas têm na Palavra de Deus e na oração em comunidade a fonte de sua espiritualidade e de seu impulso missionário (mensagem da articulação continental das CEBs aos bispos, setembro de 2021).

As CEBs são Igreja em saída, desde os/as descartados/as e excluídos/as. Elas apontam para um caminho de renovação missionária e sinodal. "As comunidades eclesiais de base são a expressão de amor preferencial da Igreja pelo povo simples" (Puebla, 643), funcionam como lugar de oração, vida fraterna e compromisso com os pobres e marginalizados, expressão privilegiada de "uma Igreja pobre para os pobres" (EG 198). Enquanto comunidades de "discípulos e discípulas missionários e missionárias" (EG 119), "sujeitos ativos da evangelização" (EG 120), "são fonte e semente de variados serviços e ministérios a favor da vida na sociedade e na Igreja" (DAp 179).

As CEBs fomentam na sua práxis os doze desafios pastorais para a Igreja na América Latina e Caribe, sistematizados pela Primeira Assembleia Eclesial, que são causas históricas das Comunidades Eclesiais de Base, entre tantas outras: juventude; injustiças sociais e eclesiais; participação ativa das mulheres; vida digna para todos e todas; sinodalidade; participação dos cristãos leigos e leigas; opção preferencial pelos pobres; formação integral para todos e todas; Igreja Povo de Deus; ecologia integral; encontro pessoal com Jesus de Nazaré; defesa dos povos indígenas e afrodescendentes.

Em todas essas bandeiras de luta, a marca de um jeito de ser Igreja que resiste profeticamente às estruturas de uma Igreja "autorreferencial", clerical, e, acima de tudo, vive a fé encarnada na realidade onde se encontram os rostos dos/as sofredores/as e excluídos/as, dos pobres, das pobres e dos/as marginalizados/as. Concretizar esses desafios é avançar para uma Igreja Sinodal e em saída missionária:

1. *Reconhecer e valorizar o papel dos jovens na comunidade eclesial e na sociedade como agentes de transformação.*

   Pistas de concretização: dar novo impulso à Pastoral da Juventude nas comunidades; assegurar a participação dos jovens nos espaços da comunidade; desenvolver ações de inserção da juventude na vida eclesial, mas também na ação social, política...

2. *Acompanhar as vítimas das injustiças sociais e eclesiais com processos de reconhecimento e reparação.*

   Pistas de concretização: denúncia das situações de violência e injustiças sociais e eclesiais; espaços de acompanhamento e participação nos conselhos de políticas públicas; criação de espaços, grupos de escuta para atendimento às vítimas de situações de injustiças...

3. *Promover a participação ativa das mulheres nos ministérios, governo, discernimento e tomada de decisões eclesiais.*

   Pistas de concretização: valorização das mulheres na liderança das comunidades, nos conselhos de pastorais; organização de grupos de mulheres; a comunidade abrace a causa das mulheres...

4. *Promover e defender a dignidade da vida e da pessoa humana desde a concepção até a morte natural.*

   Pistas de concretização: como nos diz o Papa Francisco na *Alegrai-vos e Exultai*, n. 101, "a defesa do inocente nascituro, por exemplo, deve ser clara, firme e apaixonada, porque neste caso está em jogo a dignidade da vida humana, sempre sagrada, e exige-o o amor por toda pessoa, independentemente do seu desenvolvimento. Mas igualmente sagrada é a vida dos pobres que já nasceram e se debatem na miséria, no abandono, na exclusão, no tráfico de pessoas, na eutanásia encoberta de doentes e idosos privados de cuidados, nas novas formas de escravatura, e em todas as formas de descarte".

5. *Incrementar a formação em sinodalidade para erradicar o clericalismo.*

   Pistas de concretização: caminhar juntos pressupõe mudanças de mentalidade e estruturas. Como são organizadas as nossas comunidades? Têm espaços de participação para todos e todas? Conselho Pastoral da Comunidade, Conselho econômico, equipes de coordenação dos diversos serviços da comunidade...

6. *Promover a participação dos cristãos leigos em espaços de transformação cultural, política, social e eclesial.*

   Pistas de concretização: círculos e grupos de cultura nas comunidades; participação do laicato na política, nos conselhos de políticas públicas; processos de formação do laicato e organização dos conselhos de cristãos leigos e leigas nas comunidades...

7. *Escutar o clamor dos pobres, excluídos e rejeitados.*

   Pistas de concretização: Grito dos Excluídos e das Excluídas; 6ª Semana Social Brasileira por Terra-Teto-Trabalho; Pacto pela vida e pelo Brasil; Marcha das Margaridas, ações de solidariedade...

8. *Reformar os itinerários formativos dos seminários, incluindo temas como ecologia integral, povos indígenas, inculturação e interculturalidade e pensamento social da Igreja.*

   Pistas de concretização: refletir sobre os ministérios ordenados e seus processos de formação, para que na comunidade todos e todas sejam reconhecidos como Povo de Deus, verdadeiros sujeitos eclesiais...

9. *Renovar, à luz da Palavra de Deus e do Vaticano II, o nosso conceito e experiência da Igreja do Povo de Deus, em comunhão com a riqueza da sua ministerialidade, que evita o clericalismo e favorece a conversão pastoral.*

   Pistas de concretização: círculos bíblicos, grupos de reflexão, formação por meio de palavras e ações sobre sinodalidade...

10. *Reafirmar e priorizar uma ecologia integral em nossas comunidades, com base nos quatro sonhos da "Querida Amazônia".*

    Pistas de concretização: defesa dos direitos da pessoa humana e os direitos da natureza, acolher as propostas da Rede Eclesial Pan-Amazônica/REPAM e da Conferência Eclesial da Amazônia...

11. *Promover um encontro pessoal com Jesus Cristo encarnado na realidade do continente.*

    Pistas de concretização: opção preferencial pelos pobres, a exemplo de Jesus com seu programa de vida e seu projeto de sociedade (Lc 4,18-19; Mt 5,1-12; Mt 25,31-46).

12. *Acompanhar os povos indígenas e afrodescendentes na defesa da vida, da terra e das culturas.*

    Pistas de concretização: articulação das comunidades e setores populares da sociedade; articulação com as comunidades tradicionais; vivência do ecumenismo, sem o qual não se pode evangelizar...

Que a Divina *Ruah* inspire as Comunidades Eclesiais de Base nesta caminhada de resistência, coragem, firmeza na fé, esperança e caridade, um jeito de ser Igreja Sinodal:

> O lugar prioritário do Povo de Deus, que deve ser escutado e participa ativamente da vida eclesial; a capacitação para a missão evangelizadora de cada cristão, em função de seu batismo; o respeito à consciência de

cada indivíduo na Igreja; a autoridade vista na perspectiva do serviço à comunidade; o respeito às instâncias intermediárias na Igreja; a fidelidade ao Espírito Santo sempre a renovar a caminhada dos fiéis; o importante papel enriquecedor dos pobres para o conjunto da Igreja.[5]

"Agora é tempo de ser Igreja, caminhar juntos, participar."

---

[5] Cartilha: *CEBs caminhando com Jesus de Nazaré*, 7º encontro, p. 80, 2021.

6. A (difícil) construção da sinodalidade na Primeira Assembleia Eclesial

Wagner Lopes Sanchez[1]

A Primeira Assembleia Eclesial da América Latina e do Caribe foi organizada e realizada pelo CELAM (Conselho do Episcopado Latino-Americano), atendendo a uma convocação do Papa Francisco, que propôs um evento de caráter sinodal ao invés de uma Conferência do episcopado, que envolvesse diferentes segmentos da Igreja.

A Assembleia Eclesial, que tinha como tema central "Discípulos missionários de Jesus em saída", foi realizada de forma *on-line* e teve a participação de 1.036 pessoas. Um grupo de mais de cem pessoas estava presente no México, mas também participou de forma remota das atividades.[2] Do total de 1.036 pessoas, 20% eram bispos, 20% padres, 1,7% diáconos permanentes e 40% leigos e 20% religiosos.

---

[1] Wagner Lopes Sanchez é professor no Programa de Estudos Pós-Graduados de Ciência da Religião e professor no ITESP (Instituto São Paulo de Estudos Superiores). É presidente do CESEEP (Centro Ecumênico de Serviços à Evangelização e Educação Popular) e membro do Observatório Eclesial Brasil. Participou da Assembleia Eclesial como assembleísta.

[2] No total, eram 94 leigos brasileiros. Esse grupo começou a se reunir um mês antes da assembleia em dois seminários nacionais, organizados pelo CNLB e pela Comissão de Justiça e Paz (da CNBB), para articular os assembleístas e levantar propostas que pudessem ser apresentadas na Assembleia. Além disso, foi criado um grupo de *Whatsapp* com essas pessoas para que pudessem partilhar impressões antes e durante a Assembleia. No dia 22/11, outro grupo de *Whatsapp* foi criado com todos delegados brasileiros da Assembleia.

No início do segundo dia da Assembleia (22/11) foi destacado pelos moderadores da plenária que o objetivo principal do evento era ser um espaço de escuta comunitária dos vários segmentos da Igreja, e não de decisão. Além disso, foi esclarecido que a Assembleia não teria um documento final, mas apenas um conjunto de desafios e orientações pastorais para a Igreja. Essas duas informações geraram certa decepção, sobretudo entre os leigos, pois havia a expectativa de que a Assembleia pudesse tomar decisões importantes quanto ao futuro da Igreja na América Latina e do Caribe e que a inexistência de um documento de conclusão poderia dificultar a recepção dos resultados das Assembleias Eclesiais.

1. Os grupos de discernimento

A organização da Assembleia se fez, basicamente, com duas estratégias: a) as plenárias – com mensagens, palestras de assessores teológicos do CELAM, testemunhos e painéis com a participação de pessoas de países da América Latina e do Caribe e que aconteciam de manhã e à tarde. Nas plenárias, a intervenção dos/as assembleístas só era possível através do *chat* da plataforma. O objetivo das mensagens, palestras, testemunhos e painéis era subsidiar os grupos na apresentação de propostas e oferecer aos assembleístas elementos de reflexão do tema da Assembleia; e b) atividade nos grupos chamados de grupos de discernimento comunitário e que se reuniram na parte da manhã. Esses grupos reuniram leigos, religiosos, diáconos permanentes, padres e bispos e tiveram atividade nos dias 22, 23, 24 e 26 de novembro. A cada dia os grupos tinham cerca de duas horas para fazer seu trabalho.

É importante destacar os principais momentos do trabalho nos grupos, pois eles permitem perceber a riqueza da participação dos assembleístas, porque foi nesses grupos que se deu uma verdadeira experiência da sinodalidade na Assembleia Eclesial.

Dia 22/11 – Os grupos tinham a tarefa de apontar dores e esperanças da Igreja da América Latina e do Caribe. Foi um rico momento de partilha de dificuldades vividas e de esperanças alimentadas pelo povo e pelas dioceses.

> As *dores* mais destacadas foram: a exclusão social provocada por um sistema injusto; a crise da democracia em muitos países; a cultura de exclusão que gera individualismo, xenofobia, indiferença, idolatria do dinheiro que afetam sobretudo às mulheres, aos migrantes e refugiados, aos idosos, à população LGBTQI+, aos povos originários e africanos; o impacto causado pela pandemia que aumentou o empobrecimento; um sistema educativo excludente; as incoerências da Igreja; a debilidade da experiência da fé e a passividade missionária; o fechamento da comunidade eclesial e a forma excludente de lidar com novas situações no âmbito da moral; a falta de uma mais clara participação da mulher e do laicato nos espaços de decisão da Igreja; o clericalismo em nossa comunidade eclesial; e a falta de reconhecimento da contribuição das congregações religiosas.

As *esperanças* apontadas pelos grupos foram: o novo tempo de sinodalidade da Igreja, sobretudo na própria Assembleia Eclesial; uma Igreja mais unida, fraterna e aberta ao laicato, às mulheres, aos jovens e à diversidade cultural; uma Igreja em saída e servidora da humanidade; o pontificado de Francisco; o crescimento do papel da mulher e seu compromisso na Igreja e na sociedade; a crescente consciência a respeito da casa comum; a organização de muitos jovens que se comprometem com a transformação da sociedade; a solidariedade, a unidade e as alianças construídas entre os povos latino-americanos; as comunidades eclesiais de base e os missionários leigos; a espiritualidade oriunda da piedade popular; o diálogo entre as culturas e o ecumenismo; as oportunidades que as tecnologias digitais estão apresentando, sobretudo, neste tempo de pandemia; o surgimento de muitas vocações em muitos lugares.

Dia 23/11 – Tendo em conta as dores e as esperanças elencadas no dia anterior (e sistematizadas pela Comissão de Síntese), os grupos tinham a tarefa de apontar dois desafios pastorais presentes na realidade da América Latina e do Caribe. Dessa forma, as dores e os desafios eram ponto de partida para identificar desafios a serem enfrentados pela Igreja na América Latina e no Caribe.

Dia 24/11 – Apresentação de propostas de orientações para os desafios. Os grupos receberam uma relação de 41 desafios que foram sistematizados pela Comissão de Síntese; tinham que escolher dois desafios e apresentar duas orientações para cada um deles. Eventualmente poderiam ser apresentadas orientações para um ou outro desafio fora daqueles escolhidos pelo grupo.

Quando os grupos começaram a examinar os desafios havia a sensação de que alguns desafios importantes identificados pelos grupos não estavam presentes na relação apresentada pela Comissão de Síntese. Dois temas importantes que tinham estado presentes na reflexão dos grupos não apareceram: diaconato feminino e ordenação de homens casados. As comunidades eclesiais de base estavam presentes nos desafios, ao lado de "pequenas comunidades", termo muito genérico. Esses temas referem-se a dois aspectos da vida da Igreja Católica. Os primeiros têm a ver com a questão do exercício dos ministérios ordenados e a necessidade de se incluir as mulheres nesses ministérios; os outros dois têm a ver com um jeito de ser Igreja – as comunidades eclesiais de base –, em que o laicato tem uma presença significativa nos processos decisórios.

Dia 25/11 – Trabalho da Comissão de Síntese para fazer a redação final das orientações.

Dia 26/11 – Trabalho nos grupos para definir os desafios prioritários. Os grupos deveriam definir um número ideal de prioridades e, a partir daí, cada assembleísta teria de escolher, via aplicativo *GoogleForms*, as prioridades que considerassem mais importantes. Ao receber a relação de desafios e orientações, muitos grupos perceberam que, da mesma forma que a relação dos desafios apresentados no dia 24/11, algumas das propostas de orientações apresentadas não estavam contempladas na relação enviada pela Comissão de Síntese.[3] Nos grupos de *Whatsapp* de assembleístas brasileiros a sensação era de frustração. E essa sensação estava presente também nos demais grupos.

Um sinal disso foi a elaboração de diversas cartas que começaram a circular, endereçadas à coordenação da Assembleia e aos assembleístas: a carta da Conferencia de Religiosos y Religiosas del Perú, a carta do laicato, a carta de assembleístas do Chile e a carta dos jovens. Todas expressavam claramente a insatisfação com os rumos da Assembleia e com os encaminhamentos feitos pela coordenação. A primeira dessas cartas, da Conferencia de Religiosos y Religiosas del Perú (CRP), era dirigida aos organizadores da Assembleia e expressava muito bem esse sentimento de insatisfação: "Nossos corações estavam preparados para fazer deste um momento arriscado de voltar-se para a Igreja do terceiro milênio, libertada e abalada da inércia para se tornar em uma discípula que escuta incessantemente os gritos da humanidade e da Terra, em fidelidade ao Evangelho e ao chamado de Jesus. De repente, percebemos que esse processo foi retardado para dar lugar a uma lista de afirmações, sensatas e razoáveis, mas que não correspondem ao processo desenvolvido, ao que foi vivido anteriormente desde a chamada a esta I Assembleia Eclesial". As demais cartas também expressam a sensação de insatisfação com os resultados da Assembleia.

Dia 27/11 – A coordenação da Assembleia apresentou no plenário a redação final dos 41 desafios, com as respectivas orientações, a partir da escolha pelos assembleístas, mantendo fundamentalmente o que foi apresentado no dia anterior. Além disso, também foi apresentada uma relação de 12 desafios prioritários de acordo com a

3 A relação de 41 desafios e orientações pode ser consultada ao final deste livro.

escolha dos assembleístas, mas sem divulgação da incidência numérica de cada desafio.

Os doze desafios prioritários são os seguintes:

1. Reconhecer e valorizar o protagonismo dos jovens na comunidade eclesial e na sociedade como agentes de transformação.
2. Acompanhar as vítimas das injustiças sociais e eclesiais com processos de reconhecimento e reparação.
3. Impulsionar a participação ativa das mulheres nos ministérios, nas instâncias de governo, de discernimento e decisão eclesial.
4. Promover e defender a dignidade da vida e da pessoa humana desde sua concepção até a morte natural.
5. Incrementar a formação na sinodalidade para erradicar o clericalismo.
6. Promover a participação dos leigos em espaços de transformação cultural, político, social e eclesial.
7. Escutar o clamor dos pobres, excluídos e descartados.
8. Reformar os itinerários formativos dos seminários, incluindo temáticas como ecologia integral, povos originários, inculturação e interculturalidade e pensamento social da Igreja.
9. Renovar, à luz da Palavra de Deus e do Vaticano II, nosso conceito e experiência de Igreja Povo de Deus, em comunhão com a riqueza de sua ministerialidade, que evite o clericalismo e favoreça a conversão pastoral.
10. Reafirmar e dar prioridade a uma ecologia integral em nossas comunidades, a partir dos quatro sonhos de *Querida Amazônia*.
11. Propiciar o encontro pessoal com Jesus Cristo encarnado na realidade do continente.

12. Acompanhar aos povos originários e afrodescendentes em defesa da vida, da terra e das culturas.

2. Observações críticas

A construção da sinodalidade muitas vezes se faz entre recuos e avanços. São recuos e avanços que expressam desejos e receios na construção do caminho comum. A construção da sinodalidade, no entanto, não se faz sem riscos e sem desafios e sempre é necessário avançar para "águas mais profundas" (Lc 5,4).

Em todo o processo vivido na Assembleia Eclesial podem ser destacados alguns aspectos importantes:

1. A Assembleia Eclesial foi uma experiência de sinodalidade, se não no seu conjunto, pelo menos nos grupos de discernimento. Na maioria dos grupos aconteceu um clima de diálogo e respeito entre as pessoas participantes. Bispos e padres ouviram com atenção e interesse as propostas apresentadas pelos leigos, e estes últimos também faziam o mesmo. Havia muita disposição para refletir, apresentar propostas e participar de forma corresponsável do processo sinodal. Muitos assembleístas tinham clareza de que a Assembleia Eclesial era muito mais um processo, um caminho, do que propriamente um evento.
2. A Assembleia mobilizou muitas pessoas, seja antes, seja durante. Um evento como foi a Assembleia Eclesial, com 1.036 pessoas dos vários segmentos da Igreja Católica, precisa ser compreendido como algo alvissareiro em toda a história da Igreja.
3. A participação dos leigos nos grupos mostrou que estas pessoas querem e podem participar de forma crítica, criativa e corresponsável dos destinos da Igreja. A Igreja da América Latina e do Caribe tem um laicato consciente e disposto a

participar das decisões de forma responsável e quer exercer sua cidadania decorrente do batismo. É um laicato que quer ser sujeito na vida da Igreja.

4. A Assembleia Eclesial não foi organizada de acordo com o método Ver-Julgar-Agir, que já é uma tradição na Igreja latino-americana e nas conferências do CELAM. A adoção desse método ajudaria muito na construção de propostas mais consistentes e mais criativas a partir de um olhar crítico sobre a realidade social e a realidade das igrejas particulares. A adoção desse método teria contribuído e muito com o processo sinodal proposto para a Assembleia Eclesial.
5. Mesmo sabendo das circunstâncias da pandemia, que impediu a realização de uma Assembleia presencial, é preciso destacar que a modalidade *on-line* limitou a articulação e a participação das pessoas. Todo tipo de evento na modalidade *on-line* coloca limites às relações interpessoais, à troca de experiências e à possibilidade de construir propostas de forma coletiva.
6. O fato de representantes dos grupos de discernimento não estarem presentes, de alguma forma, na Comissão de Síntese impediu que as conclusões apresentadas refletissem de forma mais clara todo o rico trabalho feito nos grupos. Uma comissão de síntese, formada com representantes dos grupos de discernimento, permitiria que as propostas apresentadas pelos grupos pudessem ser mais bem compreendidas e que a síntese final representasse com mais fidelidade o que foi apresentado nos grupos.
7. A ausência de um documento final com as conclusões dificulta a recepção dos resultados da Assembleia. Na tradição das conferências do CELAM, a presença de um documento de conclusão sempre foi uma marca importante. Exemplos disso

são os documentos de Medellín, de Puebla e de Aparecida, que influenciaram decididamente a recepção das conclusões desses eventos.

8. A ausência de uma avaliação ao final da Assembleia. Ao encerrar-se a Assembleia Eclesial, não foi solicitada aos assembleístas uma avaliação do evento. Isso teria possibilitado uma compreensão mais acurada do processo sinodal vivido e da percepção dos assembleístas.

Conclusão

O clericalismo, tão criticado pelo Papa Francisco, coloca obstáculos para a realização da missão da Igreja e se expressa no imaginário das pessoas e nas estruturas de decisão. A sinodalidade é um caminho que rompe com o clericalismo e inaugura uma nova dinâmica baseada na comunhão, no compartilhamento de decisões e na corresponsabilidade.

Assim, a sinodalidade é decorrência do próprio ser da Igreja, entendida como Povo de Deus. A Igreja-Povo de Deus é peregrina no mundo, anunciando o Reino. A realização dessa missão só é possível na construção de um caminho comum em torno daqueles elementos fundamentais da mensagem de Jesus.

Uma Igreja sinodal é uma Igreja onde todos são sujeitos nas decisões, na formulação de prioridades e na missão. Recorrendo a São João Crisóstomo, Francisco nos lembra de que Igreja e sínodo são sinônimos e acrescenta que a Igreja é caminhar juntos.

A Assembleia Eclesial abriu um novo caminho na vida da Igreja na América Latina e no Caribe e poderá vir a ser uma nova instância na vida da Igreja Católica a ser adotada de forma mais ampla. Independentemente de alguns limites, como os apontados acima, é preciso reconhecer a originalidade e a importância desse evento e acolher os seus resultados como o início de caminho que poderá dar grandes frutos para a Igreja.

O caminho foi aberto e agora é preciso avançar com coragem para colocar a Igreja da América Latina e do Caribe em processo constante de sinodalidade. Realizar essa tarefa é aprofundar o compromisso histórico da Igreja latino-americana e caribenha com os pobres neste continente.

Para muitas pessoas que participaram, a Assembleia Eclesial foi concluída em meio a um misto de alegria e insatisfação: alegria pela proposta da sinodalidade e pela recepção de muitas das ideias do Papa Francisco, inclusive nos 41 desafios; mas insatisfação com o fato de que demandas urgentes não se tornaram prioridades: reformas das estruturas de decisão, as CEBs como prioridade pastoral, a ordenação presbiteral de homens casados e o acesso das mulheres à ordenação.

É necessário afirmar, no entanto, que, respondendo ao desafio de Francisco, na Assembleia Eclesial da Igreja da América Latina e do Caribe colocou-se uma nova dinâmica para levar adiante a sua missão. Oxalá essa instância sinodal se torne uma realidade nos vários âmbitos da Igreja Católica – mundial, nacional e diocesano –, para que possamos viver a nossa cidadania eclesial que nasce do sacramento do batismo.

7. Do Concílio ao Sínodo dos Bispos, das Conferências Episcopais à Assembleia Eclesial

José Oscar Beozzo[1]

Celebrou-se de 21 a 28 de novembro de 2021, na sede da Conferência Episcopal Mexicana, nos espaços do santuário de Nossa Senhora de Guadalupe, na cidade do México, a I Assembleia Eclesial da América Latina e do Caribe.

Há uma geral indagação sobre o significado deste evento e sobre os desdobramentos práticos para se assegurar sua recepção pela Igreja da América Latina e do Caribe e pelo conjunto do corpo eclesial.

Vamos nos deter apenas sobre o seu significado, colocando-o em perspectiva histórica.

Em videomensagem de 24 de janeiro de 2021, o Papa anunciou a convocação, não de uma VI Conferência geral do episcopado latino-americano, mas de uma Assembleia Eclesial da América Latina e do Caribe:

> É a primeira vez que se realiza a Assembleia Eclesial, que não constitui uma Conferência do Episcopado latino-americano, como se fazia nas anteriores — a última foi em Aparecida —, da qual ainda temos muito a aprender. Não! É algo diferente, é um encontro do povo de Deus,

---

[1] José Oscar Beozzo é doutor em História Social pela USP, vigário da Paróquia São Benedito, em Lins, membro do Centro de Estudos de História da América Latina e do Caribe e coordenador-geral do CESEEP – Centro Ecumênico de Serviços à Evangelização e Educação Popular. Autor de diversas obras e artigos na área de História da Igreja. Participou da Assembleia Eclesial como assembleísta.

> leigas, leigos, consagradas, consagrados, sacerdotes, bispos, todo o povo de Deus a caminho".[2]

Ao convocar Assembleia Eclesial, Francisco dirigiu-se a todo povo de Deus e não apenas ao episcopado.

Propôs que o Concílio Vaticano II (1962-1965) e a V Conferência do Episcopado latino-americano e caribenho em Aparecida (2007) fossem os faróis para iluminar os passos da Primeira Assembleia.

Do Concílio, quis trazer de volta a inspiração central da Constituição *Lumen Gentium*, ao definir a Igreja como Povo de Deus, no seu capítulo II (LG 9-17). O Batismo, e não o sacramento da Ordem, é indicado como elemento estruturante da pertença eclesial e dos ministérios na comunidade.

Ao insistir numa "Igreja em saída", Francisco estava relembrando que a missão da Igreja é de deslocar sua tenda de campanha para o coração do mundo dos homens e mulheres de hoje. Reafirmou, com a Constituição Pastoral *Gaudium et Spes*, que "As alegrias e as esperanças, as tristezas e as angústias dos homens de hoje, sobretudo dos pobres e de todos aqueles que sofrem, são também as alegrias e as esperanças, as tristezas e as angústias dos discípulos de Cristo..." (GS 1).

Na raiz da experiência vivida durante o Concílio, cresceu o anseio de prolongar concretamente uma segunda grande conquista na *Lumen Gentium*, a de uma estrutura colegial e não monárquica no governo da Igreja:

> Assim como, por instituição do Senhor, S. Pedro e os restantes Apóstolos formam um colégio apostólico, assim de igual modo estão unidos entre si o Romano Pontífice, sucessor de Pedro, e os Bispos, sucessores dos Apóstolos. A natureza colegial da ordem episcopal, claramente

[2] https://www.vatican.va/content/francesco/pt/events/event.dir.html/content/vaticanevents/pt/2021/1/24/videomessaggio-celam.html. Acesso em 13/12/21.

> comprovada pelos Concílios ecumênicos celebrados no decurso dos séculos, manifesta-se já na disciplina primitiva, segundo a qual os Bispos de todo o orbe comunicavam-se entre si e com o Bispo de Roma no vínculo da unidade, da caridade e da paz (LG 22).

Da Aula conciliar, partiram insistentes pedidos para que fosse criada uma estrutura permanente, em que estivessem unidos o Bispo de Roma e os demais Bispos, no exercício efetivo da colegialidade episcopal definida no capítulo 23 da *Lumen Gentium*.

No discurso de abertura da quarta e última sessão conciliar, a 14 de setembro de 1965, Paulo VI tentou responder a este anseio com o anúncio da criação do "Sínodo dos Bispos":

> A segunda coisa é o anúncio, que Nos alegramos de vos comunicar, da instituição, desejada pelo Concílio, dum Sínodo episcopal que, composto por Bispos nomeados na sua maioria pelas Conferências episcopais, com a Nossa aprovação, será convocado, segundo as necessidades da Igreja, pelo Romano Pontífice para sua consulta e colaboração quando, para o bem geral da Igreja, isso Lhe parecer oportuno. Consideramos supérfluo acrescentar que esta colaboração do episcopado resultará de grandíssima importância para a Santa Sé e para toda a Igreja....[3]

O Sínodo suscitou grandes esperanças, e alguns deles tiveram significativo impacto sobre a vida eclesial, como o Sínodo da Justiça (1969) e o da Evangelização de 1974, cujas propostas e resoluções foram apresentadas, a pedido dos bispos, por Paulo VI na Exortação pós-sinodal *Evangelii Nuntiandi*.

O seu caráter apenas consultivo e não deliberativo e o crescente controle da Cúria Romana sobre o Sínodo levaram o Papa Francisco a

---

[3] https://www.vatican.va/content/paul-vi/pt/speeches/1965/documents/hf_p-vi_spe_19650914_concilio-iv-sessione.html. Acesso em 13/12/21.

apresentar uma proposta de renovação do instituto sinodal, para que se tornasse "... ainda mais uma peculiar manifestação e uma concretização eficaz da solicitude do Episcopado por todas as Igrejas...".[4]

Continua o Papa na sua Constituição Apostólica *Episcopalis Communio*: "Por estas razões, desde o início do meu ministério petrino, olhei com especial atenção para o Sínodo dos Bispos, confiante que o mesmo poderá conhecer ulteriores desenvolvimentos para favorecer ainda mais o diálogo e a colaboração entre os Bispos e entre eles e o Bispo de Roma. Esta obra de renovação deve estar animada pela firme convicção de que todos os Pastores são constituídos para o serviço do Povo santo de Deus, ao qual eles mesmos pertencem em virtude do sacramento do Batismo" (5).

Ao evocar o Batismo, como o sacramento que constitui a todos, bispos e fiéis, como povo de Deus, Francisco expressou seu desejo de que também "as ovelhas" tenham voz e vez nos Sínodos. O Papa tem se somado à queixa crescente e constante dos fiéis acerca do clericalismo dentro da Igreja, que mostra, de um lado, o achatamento do Batismo como fonte primeira de toda a ministerialidade na Igreja e a hipertrofia do papel do clero, abafando e impedindo o protagonismo do laicato.

Um ensaio nesta direção aconteceu com o Sínodo da Amazônia (de 6 a 28 de outubro de 2019), onde uma presença mais nutrida de leigos e leigas, de delegados dos povos originários e uma maior representação de mulheres, com direito de intervir diretamente no plenário e não apenas nos grupos, mudaram a cara da Assembleia sinodal.

Ao final da votação das 121 proposições, que ultrapassaram todas elas o limiar mínimo de votos para sua aprovação, o Papa Francisco tomou a inusitada decisão de também chancelá-las com sua

---

[4] https://www.vatican.va/content/francesco/pt/apost_constitutions/documents/papa-francesco_costituzione-ap_20180915_episcopalis-communio.html, (§ 4). Acesso em 13/12/21.

aprovação e autorizar sua imediata divulgação, sem nenhuma revisão prévia por parte da secretaria do Sínodo ou de outros organismos da Cúria Romana.

Recuperou assim o Sínodo o direito de exprimir sua própria voz e seu magistério e não apenas encaminhar propostas, que permaneciam sob segredo pontifício e que podiam ser assumidas ou não na posterior Exortação pós-sinodal, de responsabilidade exclusiva do Papa.

Na Querida Amazônia – Exortação apostólica pós-sinodal, Francisco declarou que não iria repetir muitos dos pontos do documento final do Sínodo, mas sim mirar o futuro, a partir do que fora ali discutido, refletido e aprovado.

Expressou este propósito sob a forma de quatro sonhos: o sonho social, o sonho cultural, o sonho ecológico e o sonho eclesial.

O amplo respiro e a profética ousadia que perpassam os três primeiros não se repetiram no sonho eclesial. Não foram ali acolhidas as principais propostas do Sínodo em relação à inculturação do Evangelho e aos ministérios já exercidos por lideranças leigas, em particular mulheres, nas suas comunidades, e ao clamor dessas mesmas comunidades por um regular e permanente acesso à celebração eucarística, garantido por ministros locais e não por clérigos de passagem, por ocasião das desobrigas.

1. A novidade da Assembleia Eclesial da América Latina e do Caribe

A Conferência de Medellín (1968) representou a primeira recepção de todo um continente ao Concílio Vaticano II. Foi realizada tendo diante dos olhos o clamor que brotava da sofrida realidade do povo latino-americano e caribenho e o profundo desejo de transformar essa injusta situação e de caminhar em direção a uma Igreja servidora e pobre. Medellín ficou conhecida por sua opção pelos pobres e sua libertação. Novidade importante em relação aos Sínodos que ensaiavam sua caminhada em Roma, foi o caráter deliberativo dessas conferências e não apenas consultivo e a emergência de um magistério próprio da Igreja latino-americana. Essa caminhada, mesmo com restrições impostas por Roma, consolidou-se em Puebla (1979) e em Santo Domingo (1992) e renovou-se em Aparecida (2007).

Houve temor de que a interrupção dessas Conferências episcopais pusesse fim a esta inovadora e sob muitos aspectos profética experiência eclesial.

Por outro lado, desde havia muito almejava-se a uma participação efetiva e adulta de todos os batizados nesses eventos eclesiais e que se caminhasse em direção a uma efetiva participação não apenas de bispos, mas também de leigos e leigas, presbíteros e diáconos nos momentos mais solenes e decisivos da caminhada da Igreja.

Houve certo temor de que esta iniciativa fosse destinada a interromper essa peculiar caminhada da Igreja latino-americana.

Nas avaliações que foram se multiplicando por parte dos participantes durante e imediatamente após a Assembleia, foram arrolados entre os aspectos mais positivos:

- A passagem do modelo de conferência episcopal para assembleia eclesial, para a qual foram convocados todos os segmentos do povo de Deus.
- O amplo processo de escuta, mesmo no espaço de tempo tão curto que mediou entre a convocação da Assembleia em janeiro e sua realização em novembro.
- O "Documento para o caminho" estruturado no Ver a realidade, no Iluminar e no Agir, ofereceu um válido roteiro de trabalho.

- Valorizou-se igualmente o esforço de sistematizar as muitas contribuições vindas de dioceses e grupos eclesiais pelo intenso processo de escuta e assegurar sua devolutiva, através do Instrumento de Trabalho, a Síntese narrativa das Vozes do Povo de Deus.
- Durante a Assembleia, valorizou-se o rico intercâmbio que se estabeleceu nos grupos de trabalho, onde se mesclaram participantes vindos dos diferentes países da América Latina, Caribe e América do Norte, com significativa presença de latinos dos Estados Unidos e Canadá e, também, leigos e leigas, religiosas e religiosos, diáconos, padres e bispos.
- Os bem cuidados momentos celebrativos a cada manhã.
- A qualidade e valor de algumas das conferências e testemunhos, dentre eles a da jovem da República Dominicana, a do Pastor da Igreja Metodista argentina em jornada missionária pela Colômbia, a de religiosas.

Entre os reparos apresentados, podem-se destacar:

- A ausência no início da Assembleia de uma boa análise de conjuntura da complexa e desafiadora realidade ambiental, social, cultural, política e econômica do continente, agravada pelo desastre sanitário provocado pela pandemia do coronavírus, a avalanche de mortes que poderiam ter sido evitadas, de modo particular entre os povos originários, quilombolas e a população nas periferias urbanas, o agravamento do desemprego, pobreza e o espraiar-se da fome pelos setores populares. Isso deveria ter constituído o pano de fundo para as reflexões da Assembleia geral.
- O abandono do método Ver, Julgar e Agir, durante os trabalhos da Assembleia.

- A correta valorização da escuta não desembocou num esforço para responder à angustiante pergunta: "O que fazer"?
- Na seleção dos 12 pontos e dos 41 não ficaram claros os critérios de escolha. Na lista estabelecida, foram apontadas gritantes lacunas, algumas das quais destacamos abaixo:

a) A omissão acerca da opção preferencial pelos pobres e sua libertação, marca da caminhada da Igreja latino-americana desde Medellín.

b) O não reconhecimento da multidão de mártires no continente na sua luta pelos direitos dos pequenos, na denúncia dos abusos e violências cometidas pelos poderosos e pelo Estado contra os povos originários, afrodescendentes, moradores da periferia e por defender o meio ambiente contra a devastação de madeireiras, mineradoras e do agronegócio.

c) A ausência de clara referência às Comunidades Eclesiais de Base (CEBs), que são a maneira concreta de assumir na América Latina e no Caribe a eclesiologia do povo de Deus, a partir dos últimos, vistos como sujeitos e não como objeto da ação pastoral da Igreja; no dizer de Medellín "... a comunidade cristã de base é o primeiro e fundamental núcleo eclesial, que deve, em seu próprio nível, responsabilizar-se pela riqueza e expansão da fé, como também pelo culto que é a sua expressão. É ela, portanto a célula inicial de estruturação eclesial e foco de evangelização e atualmente fator primordial de promoção humana e desenvolvimento" (Med. 15, 10).

d) Perdeu-se o horizonte da urgência da ação tão bem expressa por Medellín: "Não basta refletir, obter maior clareza e falar. É preciso agir. Esta não deixou de ser a hora da *palavra*, mas tornou-se, com dramática urgência, a hora da *ação*" (CELAM, 1969, p. 41).

e) Não se resgatou o papel estratégico das pastorais sociais para quebrar o encapsulamento em estruturas internas da Igreja, com pouca ou nenhuma incidência na vida da sociedade.

f) Houve notável déficit em relação à dimensão do ecumenismo e do diálogo inter-religioso. Está ausente no roteiro da escuta. De maneira equivocada e enviesada aparece sob a rubrica "Protestantismo" ou é tratado sob a ótica da expansão das Igrejas pentecostais, distante do propósito ecumênico do Vaticano II. No Concílio, estiveram presentes 156 convidados de organismos ecumênicos e de outras Igrejas cristãs, dentre as antigas Igrejas Orientais, das diversas Igrejas Ortodoxas, das Igrejas saídas da Reforma Protestante, dos Vétero Católicos e dos Pentecostais. Em Medellín, estiveram presentes convidados de onze diferentes Igrejas, em Aparecida esteve presente um delegado pentecostal, o Pastor Juan Sepúlveda, da Igreja Missão Pentecostal do Chile, e no Sínodo da Amazônia o Pastor Moab César C. Costa, da Assembleia de Deus do Maranhão. Tanto Sepúlveda quanto Moab foram convidados a dirigir-se aos participantes da V Conferência ou do Sínodo da Amazônia como qualquer outro delegado católico dessas assembleias. Na Assembleia do México, foi franqueada a palavra no último dia para um depoimento do Pastor Metodista da Argentina.

g) O método utilizado isolou os participantes em mais de 50 grupos, sem possibilidade de intercâmbio entre esses grupos. Tampouco podiam interferir no trabalho de síntese, que acabou excluindo diversos temas importantes, apesar de insistentemente recordados em diversos grupos e nas manifestações pelo chat, mas não acolhidos pelos encarregados de preparar a síntese de cada dia. Os participantes, numa expressão que passou a circular por grupos de WhatsApp, sentiram-se transformados de "atores" que foram, na fase preparatória, a meros "espectadores", no transcorrer da Assembleia.

h) Os membros da Assembleia não foram chamados, em momento algum, a opinar sobre o processo assemblear, a eleger representantes para as comissões, a ratificar, questionar ou rejeitar as sínteses apresentadas. Não puderam interferir em momento algum no andamento da Assembleia, todo ele previamente formatado. Reflexo disso foi o desconforto que começou a se manifestar já a partir do segundo e terceiro dias. Tomou a forma de cartas ou manifestos que começaram a ser enviadas à direção da Assembleia externando o descontentamento dos participantes ou reparos sobre a forma de condução da assembleia.

2. Manifestações dos e das participantes da Assembleia

Quinze participantes do Chile, em carta dirigida à Assembleia, em 26 de novembro, expressaram a descontinuidade entre o processo preparatório e a Assembleia. Ficou a impressão de que se recomeçava do zero. Lamentaram a pouca participação efetiva oferecida, em tempos muito curtos, em grupos por vezes numerosos; a dificuldade de participação efetiva das mulheres em esferas de decisão; a atenção diminuta para a crise dos abusos cometidos dentro da Igreja contra menores e o seu acobertamento pelas autoridades, assim como o difícil e demorado reconhecimento dos danos infligidos às vítimas e sua reparação.

Os jovens, em carta endereçada à Assembleia, expressaram sua alegria e emoção por participarem desse grande evento, por verem reconhecida a energia e sabedoria dos jovens, mas acrescentaram: "No entanto, notamos que muitas pessoas mais velhas querem liderar e não [nos] deixam sonhar. Dos 1000 deputados, é inaceitável que apenas 82 sejam leigos jovens (menores de 35 anos)".

Indicaram pontos que, segundo eles, deveriam ser tomados mais em conta:

- Abordar com maior seriedade o acolhimento e acompanhamento da população LGBTQI+, pois também são o evangelho vivo de Jesus.
- Uma maior aproximação e apreciação dos povos nativos e afrodescendentes; suas diversas formas de carregar o Evangelho são uma parte importante da história da nossa Igreja.
- Tornar a vida nossa opção preferencial para os pobres e marginalizados.
- Enfrentar corajosamente e responder às realidades da exclusão social, violência (doméstica, contra mulheres/homens, etc.), xenofobia, desemprego, desigualdade social e desenraizamento cultural.
- Denunciar e abordar efetivamente situações de abuso na Igreja e prestar acompanhamento às vítimas.
- Um verdadeiro acompanhamento por parte da Igreja aos jovens da esfera espiritual e vocacional, criando espaços de acolhimento para todos os jovens. Este acompanhamento inclui um autêntico diálogo intergeracional, intercultural e inter-religioso.
- Incorporar as vozes de jovens e leigos nas estruturas de nossa Igreja, onde as decisões são tomadas.

- Inclusão da pastoral da família, adolescentes e crianças em processos eclesiais como este; eles são parte integrante de nós.
- Integrar uma pedagogia que reconheça cada rosto e cada coração, com base em querigma e mistagogia.
- Treinar em educação sexual, afetividade e inteligência emocional, fornecendo uma base para o cuidado da vida.
- Atender ao chamado urgente do nosso Lar Comum, promovendo um desenvolvimento em harmonia com a natureza, tomando providências à *Laudato Si'*, como transversal nas atividades e planejamento da nossa igreja.
- Tenha uma voz clara, diante das realidades que afetam a vida de nossos povos.
- Pedimos às Conferências Episcopais que coloquem em prática o que o Papa Francisco propôs, nas últimas encíclicas, especialmente *Fratelli Tutti*, *Christus Vivit*.

A Conferência de Religiosos e Religiosas do Peru (CRP) escreveu também uma carta reservada e endereçada aos "queridos organizadores", mas que acabou se tornando pública.

Depois de reconhecerem o rico processo de escuta recolhido no documento para o discernimento, agregaram:

> Os nossos corações estavam preparados para fazer deste momento uma mudança para a Igreja do terceiro milênio, libertada e sacudida da inércia para nos tornar um discípulo que ouve incessantemente os gritos da humanidade e da Terra, em fidelidade ao Evangelho e ao chamamento de Jesus. De repente, experimentamos que este processo abrandou para dar lugar a uma lista de afirmações, sensatas e razoáveis, mas que não correspondem ao processo desenvolvido, ao que temos experimentado desde a convocação desta Primeira Assembleia Eclesial. Em particular, gostaríamos de chamar a atenção para o que aconteceu entre o segundo e o terceiro dia. Em muitas das conversas

de grupo de quarta-feira, houve vozes que foram absorvidas pelo descarrilamento que teve lugar na elaboração da síntese. Foi como se o processo de escuta tivesse culminado na pressa de chegar às quarenta e tantas declarações e estas tivessem sido descarriladas de tudo o que tinha sido experimentado nas fases anteriores.

Este angustiado chamado das religiosas e religiosos do Peru não recebeu uma escuta atenta, mas sim uma resposta pública, no dia seguinte, pouco bem-humorada do representante leigo da Pontifícia Comissão para a América Latina.

Esses reparos finais não querem empanar o profundo significado da corajosa iniciativa do Papa Francisco de convocar esta Primeira Assembleia Eclesial da América Latina e do Caribe, nem ignorar o entusiasmo demonstrado pelos delegados, em especial dos leigos e leigas, a radiografia multifacetada do continente que emergiu do processo de escuta e das muitas pistas que se abriram para um processo sinodal na vida das comunidades, paróquias, dioceses e conferências regionais e nacionais.

A Assembleia é um passo a mais na busca inaugurada com o Sínodo da Amazônia, continuada no processo em curso com o Sínodo da Sinodalidade do mês de outubro de 2021 e que deverá culminar com o Sínodo de 2023.

Referências bibliográficas

CELAM. *Conclusões de Medellín.* 4. ed. Vozes: Petrópolis, 1969.

Paulo VI na Exortação pós-sinodal *Evangelii Nuntiandi.* www.vatican.va/content/paul-vi/pt/apost_exhortations/documents/hf_p-vi_exh_19751208_evangelii-nuntiandi.html.

8. Impasses e aspectos da Assembleia Eclesial: desafios de construir sinodalidade

Cesar Kuzma[1]

Na última semana de novembro de 2021, a Igreja Católica da América Latina e do Caribe se viu às voltas com a realização de um grande evento, que veio como resposta a um chamado do próprio Papa Francisco, que culminou na realização da Primeira Assembleia Eclesial. A intenção pensada por Francisco era a de propor um grande caminho pastoral, com capacidade de refletir os desafios do continente e de repensar passos e posturas, em vista das esperanças que fossem suscitadas, em um chamado para sermos todos discípulos missionários em saída. Teve-se, então, início a um grande processo de escuta e de discernimento, de diálogo e de abertura, de entendimentos e reflexões que abriram espaço para outras e novas vozes que se fizeram presentes durante todo o processo. Havia a intenção de romper com certo elitismo clerical e fazer da caminhada da Igreja uma proposta sinodal, um caminhar juntos, na alegria e na esperança que nos são suscitadas pelo Evangelho.

Esse foi o caminhar apontado por Francisco e que nos levou à realização da Assembleia, carregados por expectativas e esperanças, em meio a realidades e desafios que nos interpelam, mostrando desafios da sinodalidade. Um caminho que não é fácil, que gera

---

[1] Cesar Kuzma é teólogo leigo, casado e pai de dois filhos. Doutor em Teologia e professor-pesquisador do Departamento de Teologia da PUC-Rio. Presidente da SOTER. Participou da Assembleia Eclesial como assembleísta.

impasses, tensões e que exige de todos nós um olhar atento, à procura de uma perspectiva nova, que seja atenta e aberta ao novo que vem. É por onde queremos expressar a nossa breve reflexão, na ideia de contribuir com o debate eclesial e pastoral que se faz urgente e necessário para nosso contexto. A nossa voz, mesmo que crítica em alguns momentos, não invalida a rica experiência que foi vivida, mas chama a atenção para questões que ocorreram neste percurso e que nos oferecem espaço de reflexão para a construção de um tempo novo, de um novo olhar, de um novo caminho, de uma Igreja em saída, portanto, missionária e sinodal. A Igreja que sai deve se fazer nova, animada pelo Espírito que a conduz, pois só assim ela será profética e apontará novos horizontes.

1. O caminhar até a Assembleia Eclesial, entre expectativas e esperanças

A realização de assembleias de todo o Povo de Deus não é novidade na Igreja da América Latina e do Caribe, em especial, falando da experiência do Brasil. Em muitos espaços, a experiência suscitada pelo Concílio Vaticano II e pelas Conferências Episcopais (de Medellín até Aparecida) se fez presente de muitas formas, destacando-se por serem criativas e proféticas e por avançarem em aspectos pastorais significativos. É certo dizer que esta prática não é uma constância, mas é correto afirmar que o trabalho se faz producente nos espaços onde elas se realizam. Naquilo que toca à novidade da Assembleia Eclesial de 2021, é que por ela tentou abraçar toda uma realidade continental, resgatando a dinâmica da Conferência de Aparecida (2007), cuja proposta ainda é válida e atual e convida a todos à posição de discípulos missionários, de verdadeiros sujeitos eclesiais. Soma-se a este fato o impulso pastoral provocado pelo pontificado do Papa Francisco, que conclama para uma Igreja em saída, e, de modo bem específico, pela realidade que nos foi imposta pela pandemia da Covid-19, nos fazendo acolher tecnologias que permitiram uma integração presencial e virtual de todos os participantes, dando à Assembleia uma abrangência e alcance maiores.

Ademais, o contexto em que vivemos nos traz novos desafios humanos, políticos e sociais que interrogam nossas práticas pastorais e exigem um olhar eclesial atento a estas realidades, para que sejam iluminadas no horizonte do Reino de Deus, que se vale por justiça, amor e paz, uma herança que trazemos da Conferência de Medellín (1968). Se a proposta de Francisco é a de uma Igreja em saída, esta saída deve ter um horizonte, uma direção definida, para a qual se encaminha a missão da Igreja, rumo a todas as periferias, existenciais e sociais. Assim, na disposição de ouvir e sentir estes sinais de nosso tempo, é que muitos de nós nos dirigimos a esta Assembleia, entendendo que ela se faz um tempo oportuno de reflexão e orientação para estas questões, que são urgentes e atuais. É o que nos fez seguir em expectativas e esperanças.

Outro ponto que se fez favorável é que o tema da sinodalidade tem sido uma constante nos debates sobre a Igreja, desde a eleição de Francisco, em 2013. Vimos, por exemplo, as discussões geradas nas duas assembleias do Sínodo sobre a família (2014 e 2015) e, de modo mais recente, as discussões apresentadas no Sínodo para a Amazônia (2019). Não foram discussões fáceis e bem acolhidas no todo; elas trouxeram tensões e impasses. No entanto, nestes eventos, a maneira de se pensar o processo trouxe avanço, dando espaço para novas vozes e em atenção a situações concretas. Na dinâmica pensada há um caminho de preparação para o Sínodo, há o evento e há a recepção e construção de propostas pós-sinodais. Tudo é importante e deve ser considerado. Além disso, Francisco assegura a importância dos relatórios e de possíveis caminhos que podem ser pensados a partir deles, e nos oferece uma voz sua, em exortação, que se soma ao debate e não exclui outros caminhos e possibilidades. Todavia, vale a pena reforçar que o *caminhar juntos* pensado por Francisco visa à *Casa Comum*, uma fraternidade universal e um espaço para todos, no que toca ao direito, ao cuidado e à garantia de vida e liberdades. Assim, Francisco não quer apenas uma Igreja que caminhe, mas uma nova sociedade que avance, com outras pessoas e grupos que se somam na construção de um mundo novo, uma nova terra, falando teologicamente. Isso é bastante evidente por aquilo que ele registrou nas Encíclicas *Laudato Si'* (2016) e *Fratelli Tutti* (2020), que falam de responsabilidades coletivas e de uma nova vida que se constrói em fraternidade. Isso se fez prático pelos encontros realizados com movimentos sociais e populares, que são atores importantes de nosso tempo, com gritos definidos, abrindo espaço para uma nova e ousada esperança.

Este foi o impulso que nos levou a esta Primeira Assembleia Eclesial, motivados e esperançados por um dado novo. Sentimentos de alegria e de esperança, em um compromisso de corresponsabilidade pelo pensar a missão da Igreja no continente, no chamado a um protagonismo e em atenção a tantas urgências que nos interpelam. Para todos que ali estavam, havia o sentimento de gratidão e de encorajamento, por fazermos parte de algo importante. Porém, este sentimento foi mudando no decorrer dos dias da Assembleia, quando passamos a perceber que o caminho ainda é longo e, mais do que isso, as barreiras históricas e institucionais são fortes e não é fácil superá-las. Tivemos espaço de fala, sim, mas nossas falas não tiveram espaço na fala oficial da Assembleia, em um roteiro que se desvelava já definido, com objetivos já traçados e em uma dinâmica que nos deixava mais na condição de expectadores. A impressão que ficou em muitos de nós é que a Assembleia que deveria ser sinodal se fez muito clerical, e isso feriu muitas das nossas expectativas. Entendemos, porém, que este foi o primeiro passo de um processo que é novo e que necessita ser construído por todos, caso contrário, não será sinodal e não atenderá o chamado que nos foi feito e que está na linha do Papa Francisco.

2. A experiência vivida, entre realidades e desafios

Há uma máxima no pensamento do Papa Francisco que diz que a realidade é mais importante que a ideia, e esta condição pode ser utilizada em vários aspectos. Seja na importância de se ter um olhar atento a condições que nos questionam, situações de fato, seja na experiência de viver uma dinâmica como a que vivemos na Assembleia Eclesial, daquilo que foi pensado e que nos motivou em expectativas para a realidade vivida na prática. Em nada se anula a importância do evento e deste passo importante para a caminhada da Igreja, mas as observações, mesmo críticas, também constituem o processo e servem de ajuda e orientação para um caminho que segue. As observações que fazemos abaixo partem de um olhar singular e, por certo, possuem limites e necessitam ser complementadas por outras reflexões, de experiências vividas e de diferentes modos. Nossa intenção é ajudar e somar, a partir do que vivemos e de trocas de relatos com outras pessoas e grupos que se fizeram presentes durante aquela semana.

A dinâmica da Assembleia foi pensada em momentos de oração, conferências, testemunhos e grupos de discernimento. Podemos afirmar com segurança que as orações da manhã foram proféticas e livres em sua condução, com tons inculturados e na tentativa de acolher os muitos rostos de nosso continente. Isso não ocorreu com as celebrações da noite, que seguiram um rito mais formal e tradicional. Um destaque importante foram os testemunhos, colhidos de diferentes ministérios e práticas eclesiais, de diferentes localidades, culturas e idiomas. No entanto, os pontos que merecem uma atenção crítica maior dizem respeito às grandes conferências e aos grupos de discernimento. Estes espaços eram responsáveis por dar a direção da Assembleia, por apontar o caminho que seria percorrido e para um possível desfecho. Dentro deste esquema, para cada dia tínhamos uma temática, uma orientação bíblica e uma mística que deveria conduzir os trabalhos da parte da manhã e da tarde. Algumas conferências foram muito boas e com aportes significativos; outras, discursaram em um tom mais geral. Algumas falas na defensiva, outras que traziam o tema da sinodalidade, todas elas valorizavam a proposta da Assembleia, mas muitas poucas falas arriscaram tocar no problema das estruturas e em questões que impedem um caminho sinodal. Vemos isso como uma falta grave, pois sem uma mudança estrutural não há espaço para um novo caminho. Mas uma observação que fazemos notar a este respeito diz sobre aqueles que foram conferencistas, a grande maioria padres e bispos, e outras falas oficiais foram proferidas por cardeais. A presença de vozes femininas, principalmente, e de vozes laicais ficou bastante reduzida, o que deixou transparecer um ambiente mais clerical do que sinodal.

Dentro desta proposta e método, o trabalho dos grupos de discernimento foi uma riqueza; podemos dizer isso com base em um primeiro momento, pois neles se encontravam pessoas com carismas e ministérios diversos, de localidades e idiomas diversos, com espaço de partilha e de interação capaz de aproximar temas e perspectivas. A intenção foi boa e o objetivo deveria ser (ao menos era o que pensávamos) um espaço de partilha e de pistas construtivas para o discernir deste novo caminho eclesial/pastoral. A base metodológica deveria seguir o Documento de Aparecida e o Documento para o Discernimento Comunitário, construído a partir do processo de escuta, que antecedeu a Assembleia. Contudo, podemos afirmar que muito pouco desta condição foi levada adiante e os trabalhos dos grupos se tornaram bastante reduzidos, e não tão visíveis nos resultados finais.

Explicamos: já no primeiro dia, fomos convidados a refletir sobre dores e esperanças, reproduzindo em grupo o que já foi tratado anteriormente nos processos de escuta, mas agora de forma nova, informal e de modo mais próximo a realidades distintas. Eram muitos os grupos e centenas os participantes. A organização pediu apenas um pequeno aporte ao final, que deveria ser enviado e que seria apreciado. Neste ritmo, caminhamos para o segundo dia, na terça-feira, que destacamos que foi um dos melhores, com aspectos mais provocativos e de construção. A conferência realizada falou dos sonhos eclesiais e o trabalho de grupo discorreu sobre aspectos importantes e com bastante liberdade, apontando caminhos que deveriam ser seguidos. A parte da tarde/noite também foi significativa, tanto pelos testemunhos como pelas partilhas oficiais, que tocaram problemáticas bem contextuais na realidade da América Latina e do Caribe e que exigem uma atenção teológica, eclesial e pastoral. Mas a frustração veio no dia seguinte, na quarta-feira, quando a síntese apresentada pela equipe organizadora não trouxe de forma robusta muito daquilo que os grupos discutiram e que estavam nos aportes encaminhados à organização, que eram aspectos importantes e que ressoaram em vários grupos, sendo em grande parte ignorados. A metodologia já trazia uma limitação e já direcionava o rumo das reflexões, não deixando ao grupo um espaço maior de liberdade e de criatividade. Foi quando a percepção de participante ativo e que nos havia motivado de início parecia dar lugar a grandes (ou a uma elite de) expectadores. Isso gerou um impasse e a reação foi imediata nos grupos que se formavam e nos espaços de discussão e troca de mensagens entre os participantes. Os religiosos do Peru redigiram uma carta aberta, em tom crítico; o mesmo ocorreu a partir do Chile e o grupo de leigos e leigas do Brasil também começou a se articular com esta finalidade e lançou uma carta aberta ao final da Assembleia, na sexta-feira.

O grande questionamento era de que a metodologia não estava clara e/ou não estava adequada à linha pretendida para uma Assembleia. Se a intenção era a de favorecer uma escuta e a partir dela traçar novos espaços e pistas de ação evangelizadora, uma ausência da percepção da realidade em que estamos surgiu como uma lacuna.

Se a intenção era resgatar Aparecida, o método ver-julgar-agir utilizado em Aparecida não foi considerado e entendemos que a escuta não anula o ver, mas torna mais forte a nossa percepção da realidade. Se dentro da linha de Aparecida se quer reforçar a condição de discípulos missionários, aquilo que se entende por discipulado e missionariedade parecia não estar claro, ou, no mínimo, mereceria um destaque e uma reflexão mais aprofundada. Se a proposta era pensar novos caminhos, as estradas que percorremos da América Latina e do Caribe passam hoje por grandes conflitos e desafios que atestam contra a vida, contra direitos humanos e em retrocessos democráticos; estas questões, dentre outras, deveriam ser consideradas para que o horizonte de uma Igreja em saída não se tornasse vago, mas sim concreto, já que Francisco direciona esta saída a todas as periferias. Todavia, é necessário dar um rosto, ver e ouvir este rosto sofrido que nos interpela na humanidade e na fé. É onde se observou uma ausência da opção preferencial pelos pobres, uma característica da Igreja latino-americana e caribenha e que aqui se viu desfigurada e não tão fortalecida. São situações que geram impasses e parecem não tocar problemas concretos que impedem a visão de uma Igreja em saída e em sinodalidade. A Igreja não sai para garantir a si mesma, no reforçar de sua identidade, mas ela sai como força que aponta para a dimensão do Reino de Deus, que é que garante e dá sentido à sua missão. Se a percepção que tivemos é de um ambiente ainda clericalizado, isto se torna um obstáculo para a construção de uma identidade sinodal, capaz de permitir vozes e carismas específicos que se articulam e são, em essência, parte constitutiva da missão da Igreja. Falou-se muito em partir de Jesus e é claro que ninguém discorda da centralidade cristológica e de sua importância, porém, faz-se necessário apontar qual é o Jesus que deve ser seguido, pois a cristologia desenvolve uma eclesiologia e uma pastoral correspondentes.

Estes impasses se fizeram presentes do meio da Assembleia ao seu final, quando na sexta-feira foram apresentados 41 desafios, dentre os quais seriam eleitas algumas prioridades. Destes 41, por um modo não muito claro, no sábado, a organização apresentou 12, um resumo de caminhos e propostas que saíram da Assembleia e que devem traçar os rumos de nossos próximos passos. Contudo, outro impasse, de como se chegou a estes objetivos, de modo que existem lacunas e tendências que não garantem uma transformação de estruturas que possibilitem um caminho novo e sinodal, em saída e em direção a todas as periferias existenciais e sociais. Podemos dizer que faltou um entendimento do que significa o processo de escuta e como esta escuta chega a uma Assembleia e de como se articulam falas e vozes que são capazes de construir um caminho. Faltou a clareza daquilo que fica de concreto e quais seriam as possíveis mudanças que necessitam ser encaminhadas. Faltou reconhecer experiências de caminhos já percorridos, como memória agradecida e que já expressa uma dinâmica sinodal e de uma Igreja em saída: o reafirmar da opção pelos pobres como uma opção de toda a Igreja; a valorização de experiências de comunhão e sinodalidade já presentes na prática eclesial do continente, como as CEBs e outras dimensões pastorais; e avanços trazidos pela teologia latino-americana, que de face libertadora contribui para a justiça e a vida no continente, que, apesar de muitos anos, ainda segue marcado por desigualdade, violência e opressão.

Estes impasses não anulam os ganhos da realização da Assembleia, mas servem como espaço de aprendizado para um caminho que se faz novo. O vinho é novo, mas os odres ainda são velhos. Precisamos de odres novos para guardar e festejar com o vinho novo.

3. O que trazemos desta experiência, desafios da sinodalidade

Terminada a Assembleia e de volta às nossas bases locais, faz-se necessária uma reflexão daquilo que trazemos e da rica experiência que vivenciamos, em nível pessoal, pastoral e comunitário, mas também em novos impulsos teológicos que começam a surgir. Não podemos esquecer que esta Assembleia é carregada de simbolismos: 1) ela é a primeira experiência realizada no continente e que conseguiu reunir centenas de pessoas, de forma presencial e virtual, de muitas vozes e rostos, de muitas localidades e de diversidades culturais e pastorais; 2) depois, a Assembleia se deu na Basílica de Guadalupe, um símbolo mariano para a fé do nosso povo, bem representado na figura de Maria com traços indígenas, inculturada e que traz no seu ventre o menino Jesus, em um gesto salvífico que rompe estruturas, dúvidas e se faz perceber na realidade concreta do povo que aqui está. 3) Esta Assembleia foi convocada por um Papa latino-americano e que assumiu para si o nome de Francisco, que foi formado na linha do Vaticano II e da Igreja e teologias da América Latina, que viveu a dinâmica de Aparecida e que hoje convida toda uma Igreja a assumir uma atitude de saída, ao encontro de interpelações que nos tocam profundamente. Um Papa que tem oferecido um caminho novo, que fala em reformas e abre a Igreja a um diálogo autêntico com o mundo que nos cerca, para o qual devemos sair em sinodalidade. Estes três elementos são simbólicos e nos trazem a difícil tarefa de recepcionar a experiência da Assembleia em nossas bases eclesiais, em nossos espaços pastorais, em nossas localidades, para que os frutos possam nascer e que eles tragam vida nova, esperança e libertação.

Sim, há muita coisa que ainda necessita ser feita e trabalhada, e este não é um caminho fácil. Por esta razão é necessária uma conversão total, de mentalidades e de estruturas, de dinâmicas e de espiritualidades, em um alvorecer sempre novo que nos é apontado pelo Evangelho. O clericalismo ainda é um desafio que precisamos superar e enfrentar com força, pois ele impede um caminho de liberdade e de maturidade, na vivência de uma autonomia batismal que é fundamental para a prática sinodal. Precisamos, também, formar para a sinodalidade, pois esta não é uma condição dada, ela não se faz presente, ela precisa ser articulada, pensada, meditada e com coragem para tocar em pontos concretos, que impedem este avanço pastoral. Por fim, é necessária abertura ao Espírito, pois é ele quem conduz a Igreja e é ele quem abre novos caminhos e aponta novas direções.

Os impasses que percebemos durante a Primeira Assembleia em nenhum momento invalidam a experiência vivida, mas servem de crítica construtiva para a recepção e continuação que devemos fazer. E elas devem ser ousadas e criativas, abertas à dinâmica do Reino, que sempre aponta o novo. Que tenhamos esperança! O vinho novo nos foi dado e ele nos traz alegria. Que nossos odres sejam também novos.

Conclusão

Terminamos esta breve reflexão, destacando a alegria de ter participado deste momento da Primeira Assembleia Eclesial da América Latina e do Caribe. Ter a oportunidade de discutir e de ajudar a repensar a proposta evangelizadora da Igreja Católica no continente é motivo de orgulho para todos nós que lá estivemos, seja de forma presencial, seja virtual. O sentimento que temos é variado, esperança pelos passos que foram dados, frustração por ver que ainda há muito para avançar. Alegria por ver rostos novos que são sujeitos, tristeza por ver que o clericalismo ainda é forte e é uma doença que destrói e afasta toda a perspectiva livre do Evangelho. Foi importante a partilha nos grupos, a escuta de muitas vozes e o compartilhar de sentimentos que são comuns e que trazem a maneira de ser de nossos povos. Foi animador ver vozes proféticas, com coragem de denúncia e carregadas de amor à causa que carregam. Ao mesmo tempo, foi triste escutar vozes soltas, altamente clericais e que não avançam para uma mudança mais profunda em dados estruturais. Enobrece ver leigos e leigas que se lançam, entristece ver rostos que emudecem.

Anima ver a força da libertação, desanima ver que muitos ainda não podem falar. É bonito quando todos falam em conversão, mas falta algo quando essa conversão é apenas interior, que não transborda e não transcende, não muda e não transforma realidades. Dá esperança ver a Igreja viva, mas esta vida deve ser assumida na opção pelos pobres, pelos excluídos, por quem está à margem da sociedade, na defesa do meio ambiente, de nossos jovens e trabalhadores, da liberdade, do direito e da justiça, pois esta é uma característica da Igreja da América Latina e do Caribe, e ela não se pode deixar. Ilumina ver vários rostos e culturas originárias, mas a defesa dos nossos povos, de suas terras e de suas lutas deve ser a nossa causa. Encoraja ver vários ministérios lado a lado, incomoda ver a ausência de uma Igreja mais laical, que se fortaleça em vários carismas e com uma presença mais forte da mulher, naquilo que é de seu direito e para o qual tem autoridade para ser.

Na semana em que ocorreu a Assembleia, fomos levados a refletir sobre nossas dores e esperanças, desafios e horizontes, na força do coletivo e para além do individual. No entanto, mesmo com as críticas que temos, que aponta impasses e desafios, mas que também é natural e edifica, o sentimento que permanece é de alegria e de esperança. As respostas não estão prontas, elas devem ser construídas. O tempo é superior ao espaço e a realidade é mais importante que a ideia, diz Francisco. Um primeiro passo foi dado, e ele vai exigir abertura e compromisso. O vinho que temos é novo, mas os odres ainda são velhos. Precisamos mudar os odres para cuidar melhor do vinho e, com isso, avançar na proposta que nos é pedida por Francisco: *uma Igreja de discípulos missionários, em saída para todas as periferias, existenciais e sociais.* Aí sim, o todo será maior do que as partes e a unidade vai prevalecer sobre todo conflito. Esta é a linha de Francisco e ela deve acontecer. Em cada passo, em cada rosto, em cada ação, em cada ponto de esperança, que se faz audaz e insistente, teimoso e criativo. Tudo pode ser feito novo.

9. A Igreja que Francisco não verá

Pedro A. Ribeiro de Oliveira[1]

O tempo é superior ao espaço

Participar da Primeira Assembleia Eclesial da América Latina e Caribe foi motivo de muita alegria para mim. Tendo acompanhado de perto a 5ª Assembleia do CELAM, em Aparecida (2007), como parte do grupo de assessores e assessoras ligados a *Ameríndia*, eu sabia da importância de um encontro desse tipo para a definição de rumos da Igreja em *Nossa América*. Mais ainda por ser esta uma Assembleia de representantes de toda a Igreja, e não apenas de bispos. Diante disso, procurei participar em sintonia com outras pessoas também indicadas pelo Conselho do Laicato do Brasil (CNLB) c pclo Sctor Lcigos da CNBB. Por minha condição profissional dc sociólogo, porém, não poderia deixar de fazer dessa experiência um momento privilegiado de observação da conjuntura eclesial. É a reflexão nascida dessa participação observante que aqui partilho com a leitora ou o leitor, tomando como fio condutor a intrigante expressão de Francisco em *A alegria do Evangelho*, em epígrafe.

Reconheço que na primeira vez que li esse parágrafo não percebi aonde o Papa queria chegar, embora ele explique que isso significa "trabalhar em longo prazo, sem a obsessão por resultados imediatos". E mais: "Dar prioridade ao tempo é ocupar-se mais com iniciar

---

[1] Pedro A. Ribeiro de Oliveira é leigo católico, nascido em 1943, doutor em Sociologia, foi professor nos Programas de Pós-Graduação em Ciência/s da Religião da UFJF e PUC-Minas. É membro de *Iser-Assessoria* e da Coordenação do *Movimento Nacional Fé e Política*. Participou da Assembleia Eclesial como assembleísta.

processos do que possuir espaços". E conclui o parágrafo: "Sem ansiedade, mas com convicções claras e tenazes" (EG 223). Foi necessário observar com atenção as medidas tomadas ao longo do seu pontificado para perceber o que isso significa.

Acompanhando as medidas tomadas por Francisco, tem-se a impressão de que lhe falta senso de estratégia ao fazer as nomeações: basta pensar nos cardeais e altos dignitários da Cúria Romana que permaneceram no cargo apesar de sua oposição, por vezes explícita, à linha pastoral do Papa. Mais grave, talvez, são as indicações de bispos que destoam da orientação papal, mas são apoiados por núncios apostólicos que não implementam o projeto de Igreja *em saída*. As exceções que confirmam a regra são aquelas nomeações em que se percebe o dedo de Francisco. Ou seja, ele parece não fazer muito empenho em colocar pessoas alinhadas com suas diretrizes nos cargos de poder eclesiástico. No entanto, ele é mestre quando se trata de acionar processos de mudança. É o que vamos ver em seguida.

Ao receber o pedido feito pelo CELAM para convocar uma nova conferência que atualizasse as diretrizes pastorais tomadas em Aparecida, em 2007, o Papa as atendeu de forma surpreendente: convocou uma assembleia na qual os bispos não teriam participação majoritária nem lugar privilegiado. E mais: ao definir que seria a Primeira Assembleia Eclesial da América Latina e Caribe, estava indicando que, de agora em diante, esta será a forma de definirmos as diretrizes da Igreja Católica em *Nossa América*.

1. Breve memória histórica

A explicação sociológica dessa convocação inusitada deve ser buscada na análise do processo histórico de descentralização do poder eclesiástico iniciado por João XXIII e impulsionado pelo Concílio Vaticano II (1961-65). Ali foi recuperado e atualizado o princípio da *colegialidade* episcopal. Isso fortaleceu muito as

Conferências Episcopais de âmbito nacional e continental, seja aquelas já existentes na época, seja aquelas cuja criação foi decorrência do Concílio.

A passagem da concentração do poder eclesiástico no Papado à sua descentralização para as conferências episcopais representou um grande avanço para a Igreja, abrindo caminho para a diversificação da pastoral e, em consequência, permitindo à Igreja chegar a muitos e diferentes setores sociais – a chamada capilaridade social. A experiência pastoral da América Latina e Caribe pós-Medellín é exemplar. O impulso dado em 1968 em direção ao mundo dos pobres resultou em inovações pastorais surpreendentes, como a criação de Comunidades Eclesiais de Base, Comissões de Direitos Humanos, as diversas Pastorais Sociais (da Terra, Povos Indígenas, Trabalhadores, Crianças e tantas outras), bem como a Teologia da Libertação, que dá a fundamentação teológica a todas elas. Importante notar que o Papa Paulo VI, que não teria condições de propor tais inovações pastorais a partir da realidade europeia em que vivia, deu sua aprovação e apoio a elas.

Na medida em que outras Conferências Episcopais seguiram o exemplo do CELAM, o impulso descentralizador resultou na diversificação pastoral que marcou a Igreja Católica romana na segunda metade do século passado. Mantida a comunhão dos bispos com o bispo de Roma, essa diversificação pastoral favorece a pluralidade dentro da unidade – sob o prisma interno –, enquanto favorece o diálogo da Igreja com as diferentes culturas e setores da sociedade – sob o prisma externo.

O impacto dessa descentralização pastoral, porém, desestabilizou o equilíbrio da Igreja universal, dando origem a um impulso contrário, de renovada concentração do poder eclesiástico em Roma. Esse impulso centralizador caracterizou os pontificados de João Paulo II e Bento XVI, que colocaram um freio à diversificação pastoral, restringindo o poder de decisão das conferências episcopais e mesmo a autonomia dos bispos.

2. A crise na Igreja e o projeto de Sinodalidade

O resultado dessa centralização do poder de decisão na Santa Sé, porém, foi a *desafeição* de muitos setores da população católica em relação à Igreja. E isso em três dimensões distintas mas complementares: (a) o enfraquecimento dos grupos primários de participação religiosa esgarça o laço afetivo que une o fiel à Igreja e deixa surgir a indiferença religiosa; (b) a perda de sintonia entre a fé pessoal e a fé oficial da Igreja torna a Igreja desnecessária para sua vivência espiritual; (c) o abandono das práticas rituais e/ou da orientação moral da Igreja torna a Igreja supérflua. Ou seja, o leigo ou leiga deixa de ser fiel à Igreja quando não se sente mais afetado ou afetada por ela.

A crescente desafeição religiosa somou-se à confluência de várias crises (financeira, vazamento de informações confidenciais, denúncias de pedofilia, e outras) no âmbito da Santa Sé e resultou na renúncia de Bento XVI. Como num turbilhão de acontecimentos inesperados, deu-se a surpreendente eleição de Bergoglio, que tomou o nome simbólico de Francisco e logo assumiu a diocese de Roma pedindo que rezássemos por ele.

Francisco tinha diante de si dois modelos de governo – o centralista, que concentra o poder de decisão no Papa e na Cúria Romana, e o descentralizado, que o distribui entre todos os bispos do mundo – mas não escolheu nem um nem outro. A marca de seu pontificado será o lançamento do modelo sinodal em nova forma: a sinodalidade eclesial. Explico.

O sínodo é uma prática usual em muitas Igrejas cristãs, como forma de colegialidade. Diferentemente dos concílios, que devem reunir a totalidade dos bispos, os sínodos da Igreja Católica reúnem apenas representantes dos bispos, eleitos ou convidados por Roma. Instituído na forma atual logo após o Concílio, o sínodo favorece a pluralidade no interior da Igreja Católica como instrumentos de aconselhamento do Papa sobre temas por ele escolhidos. Até aí, não há inovação estrutural: o Papa convoca o sínodo, escuta os bispos e depois faz seu pronunciamento oficial em forma de encíclica. Assim ocorreu com os sínodos convocados por Francisco sobre Família, Juventude e Amazônia. A novidade está no próximo sínodo, a realizar-se em 2023, tendo por tema a Sinodalidade da Igreja. A grande questão a ser colocada é se o sínodo é apenas uma instância de aconselhamento do Bispo de Roma ou se tem caráter deliberativo, uma vez que o Bispo de Roma é um dos participantes, não estando, portanto, fora dele. Essa inovação fica clara em sua forma de preparação: só depois de consultadas as bases da Igreja, os bispos se reunirão com o bispo de Roma para deliberarem sobre a sinodalidade da Igreja.

Para ficar clara a novidade dessa estratégia, voltemos à história recente da Igreja, vista pelo prisma da sociologia.

3. Tipos de estruturas de poder eclesiástico

A estrutura de poder herdada de Pio IX e do Vaticano I é uma estrutura *unipolar*. Todo poder decisório concentra-se no Papa e na Cúria Romana, que é por ele constituída e nomeada. Diz-se, dele que *Roma locuta, causa finita*. Essa estrutura funcionou a contento para assegurar a autonomia da Igreja Católica em relação aos Estados cujo poder havia aumentado no decorrer do século XIX, mas mostrou-se incapaz de dar efetividade à Igreja no espaço público do mundo moderno.

Foi quando João XXIII e o Concílio Vaticano II resgataram a colegialidade episcopal que, como vimos, descentralizou o poder e diversificou a pastoral mundial. A Igreja ganhou então uma estrutura *bipolar*, em que o poder do Papa é contrabalançado pelo poder dos bispos, e vice-versa. Esta é uma estrutura necessariamente conflitiva, pois os dois polos de poder tendem a se opor. A recentralização do poder papal no final do século passado resultou, como vimos, em uma crise de grandes proporções.

Aqui fica clara a proposta original de Francisco: uma estrutura *tripolar* na qual o poder eclesiástico se distribui entre três polos: (a) a grande comunidade eclesial, formada por todas as pessoas que foram batizadas e se mantém fiéis ao Batismo, (b) o colégio episcopal, formado por todos os bispos do mundo, inclusive o de Roma, e (c) o Papa e seus auxiliares diretos. Como um polo não anula o outro, mas o incorpora, essa estrutura *tripolar* tem mais condições de alcançar o equilíbrio do que as duas outras. Um equilíbrio dinâmico, certamente, onde cada polo ao mesmo tempo que puxa os dois outros é por eles contrabalançado. Sou levado a pensar que esta é a Igreja desejada por Francisco. Resta saber se sua estratégia levará ao resultado que ele pretende...

4. A estratégia processual e a Primeira Assembleia Eclesial da América Latina e do Caribe

Aqui entra Francisco como estrategista do tempo, e não da ocupação de espaços eclesiásticos. Se é para criar uma estrutura eclesial *tripolar*, é preciso colocar toda energia na criação de instâncias que possibilitem a sinodalidade de toda a Igreja. E o Bispo de Roma está fazendo isso passo a passo.

O primeiro ensaio dessa estratégia foi o Sínodo da Amazônia. Por suas peculiaridades sociais, políticas e naturais, bem como pelo fato de a Amazônia escapar aos limites de uma única conferência episcopal – evitando-se assim melindres de jurisdição eclesiástica –, o Sínodo da Amazônia foi originalíssimo. O amplo processo de escuta pré-sinodal, o convite à participação de leigos e leigas e, principalmente, o destaque dado aos Povos originários – inclusive os que não tinham recebido o Batismo – deram a esse evento um caráter realmente extraordinário. Provavelmente isso animou o Papa para o segundo grande passo: convocar a Primeira Assembleia Eclesial da América Latina e do Caribe.

Não cabe aqui descrever o que foi essa Assembleia, mas não posso deixar de chamar a atenção para alguns pontos cruciais para o projeto de Igreja desejado por Francisco.

Antes de tudo, trata-se da Primeira Assembleia Eclesial. Isso significa que, para Francisco, daqui em diante as deliberações referentes à América Latina e ao Caribe serão tomadas em assembleias eclesiais, e não mais em conferências episcopais.

Outro dado que não pode ser deixado na sombra é o convite a cardeais e presidentes de outras conferências continentais para participar e trazer seu testemunho. Digna de nota foi a presença do Cardeal Mario Grech, secretário-geral do sínodo de 2023, por sinalizar que o Papa deseja que esse tipo de assembleia eclesial seja reproduzido em outros continentes e no próximo sínodo. Tudo indica que ele deverá tornar-se o modo habitual de deliberar sobre as diretrizes pastorais da Igreja. Pelo menos, este é o projeto de Francisco.

Nada garante, porém, que o projeto de Francisco terá o êxito que ele e nós desejamos. Muitos sinais foram dados durante a Assembleia de que esse projeto só se realizará se vencer dificuldades que hoje parecem quase intransponíveis. Aponto aqui aquelas que mais me chamaram a atenção.

A metodologia adotada em nada ajudou a participação igualitária dos *assembleístas* – forma como éramos chamados os e as participantes, independentemente da condição eclesiástica. É evidente que uma assembleia de apenas sete dias, em forma mista – presencial e à distância –, traz dificuldades metodológicas enormes, especialmente tendo em vista o fato de sermos quase mil pessoas participando. Mas ainda assim a metodologia poderia ser um pouco mais favorável à participação. Assinalo aqui as principais falhas que senti:

- O Documento preparatório (*Documento para o Discernimento*), que deveria sintetizar as contribuições vindas do processo de escuta, funcionou antes como filtro do que como facilitador. Temas centrais da experiência da Igreja da América Latina e do Caribe, como as CEBs, Pastorais Sociais, opção pelos pobres e centralidade do Reino de Deus para a evangelização foram deixados no esquecimento, como se não tivessem importância.
- O Documento para o Discernimento, que só foi disponibilizado poucos dias antes do início da Assembleia, não serviu de guia para os debates em grupos. Cada grupo fez seu trabalho partindo das contribuições individuais de cada participante, como se não houvesse um documento preparatório.
- Só poucas pessoas foram convidadas a fazer palestra ou dar seu depoimento em plenário, porque é obvio que não haveria tempo para isso. O único espaço de fala dos e das *assembleístas* era o dos grupos, e isso exigiria que sua fala fosse bem direcionada. Porém, como os grupos não tinham um tema prévio, as falas se dispersaram e seu registro ficou a critério do/a secretário/a do grupo. O debate foi livre e franco, mas a pessoa encarregada da secretaria fazia seu relatório da maneira que melhor lhe parecia e o relatório não precisava passar por votação ou outro meio de aprovação do grupo.
- Foi com surpresa que cada grupo recebeu, no penúltimo dia de trabalho, a tarefa de debater os desafios pastorais, porque não havia escolha: cada grupo tinha que pronunciar-se sobre dois desafios e nada mais. Cumprimos a tarefa, é claro, mas nenhuma das sugestões apresentadas pelo grupo de que participei foi incorporada nos desafios finais.

Tudo isso me deixou a impressão de que a Primeira Assembleia Eclesial da América Latina e do Caribe sofreu de improvisação. A Coordenação abandonou o método Ver, Julgar e Agir e deixou em seu lugar um instrumento precário de escuta e de tomada de decisão. Não por acaso, houve manifestações de assembleístas à coordenação, com críticas à metodologia adotada. Na carta das leigas e leigos do Brasil, de que participei, deixamos claro que nossas críticas deviam ser vistas como expressão da vontade de contribuir para a construção de uma nova metodologia adequada à sinodalidade eclesial. Sabendo que este foi apenas o primeiro passo de um longo processo, é esta a hora de sugerir as necessárias correções.

Conclusão

E assim é, de fato: o primeiro passo de um longo processo de construção de uma estrutura *tripolar*, na qual a sinodalidade eclesial, a colegialidade episcopal e a autoridade papal se equilibrem dinamicamente para levar nossa Igreja a ser realmente missionária, isto é, capaz de colocar-se *em saída* em direção às periferias geográficas e existenciais.

Certamente isso levará tempo, e Francisco não conseguirá ver essa Igreja sonhada por ele e por nós. Provavelmente eu também morrerei antes disso. Mas espero que as e os jovens que hoje ainda esperam – teimosamente – o rejuvenescimento da Igreja Católica tenham essa alegria. Se a Primeira Assembleia Eclesial da América Latina e do Caribe tiver sido um passo no rumo certo, mesmo com seus erros metodológicos, terá valido a pena o esforço de todos e todas nós.

10. Caminhos para a sinodalidade eclesial

Diác. Luciano Lima Santana[1]

Passados quatorze anos da realização da V Conferência Geral do Episcopado Latino-Americano e do Caribe, realizada na cidade de Aparecida no Brasil, fomos surpreendidos pela convocação da Primeira Assembleia Eclesial. Convocada pelo CELAM, a Primeira Assembleia Eclesial acolhe a orientação do Papa Francisco de revisitar o Documento de Aparecida. Para o Papa Francisco ainda é preciso viver verdadeiramente as novidades que o Documento de Aparecida propõe para toda a Igreja; em sua compreensão, tais novidades ainda não foram plenamente acolhidas e aplicadas na prática nas dioceses latino-americanas e caribenhas. Desse modo, o CELAM assumiu o compromisso de realizar uma Assembleia Eclesial com ampla participação dos cristãos. A chave de leitura que guiou a realização da Assembleia Eclesial foi a reflexão sobre a força da sinodalidade eclesial, em vista da comunhão e da missão, valorizando a participação de todos os batizados. A grande novidade é que a proposta da realização da Assembleia Eclesial avança e enriquece as discussões realizadas pela Conferência do Episcopado, ao indicar a participação de todos os membros do Povo de Deus.

Participei ativamente do processo de escuta na Igreja do Brasil a partir da experiência de algumas dioceses do Regional Nordeste 3 da

---

[1] Diác. Luciano Lima Santana é mestre em Teologia Pastoral pela PUC–PR. Assessor de Pastoral da CNBB NE 3 (Bahia e Sergipe), membro da Equipe de Assessoria Pedagógica (ENAP – CND) e da Diretoria da CESE (Coordenadoria Ecumênica de Serviço). Participou da Assembleia Eclesial como assembleísta.

CNBB (Bahia e Sergipe). Foi um processo bastante desafiador. Entre os desafios enfrentados, a pandemia da COVID-19, que assolou o mundo inteiro, e de maneira particular nosso país, impossibilitou-nos de reunir e envolver um maior número de agentes de pastoral nas reuniões preparatórias. Ajunte-se a esse grave problema de saúde pública, que impactou a realização dos encontros preparatórios, outro, de ordem eclesial: por pouca ou nenhuma compreensão da importância da realização da Assembleia Eclesial para a caminhada da Igreja de Cristo na América Latina e no Caribe, alguns irmãos e irmãs não aderiram com entusiasmo e seriedade necessários à proposta encaminhada pelo CELAM. Por fim, participei como delegado da Primeira Assembleia, ocupando uma das vagas reservadas aos diáconos que compunham 1,7% da delegação desta assembleia, sendo a minha participação através das plataformas virtuais.

A principal pergunta que norteou o processo de escuta da Assembleia Eclesial foi: quais são os novos desafios para a Igreja na América Latina e no Caribe, à luz da V Conferência Geral de Aparecida, dos sinais dos tempos e do Magistério do Papa Francisco para a Assembleia e a caminho de 2031/2033?[2]

A compreensão que compartilhamos é a de que se inaugura um novo caminho sinodal, com o envolvimento de todo o Povo de Deus nas Igrejas locais deste vasto continente, embora tenhamos consciência de que nem todas as dioceses abraçaram o processo da escuta desejada pela metodologia proposta pela coordenação-geral. O que verdadeiramente se apresenta como grande novidade na realização da Assembleia Eclesial é o desejo sincero de uma ampla escuta ao Povo de Deus, conforme nos indica o Guia Metodológico do Processo de Escuta do Povo de Deus que peregrina na América Latina e no Caribe: "O processo de escuta será a base do discernimento, e

---

[2] A primeira data, 2031, refere-se ao jubileu da aparição de Nossa Senhora em Guadalupe no México (Jubileu Guadalupano) e a segunda, 2033, aos dois mil anos do nascimento de Jesus Cristo (Jubileu da Redenção).

nos esclarecerá para guiar os passos futuros que, como Igreja e como CELAM, devemos acompanhar o Jesus encarnado hoje no meio do povo, em seu *sensus fidei* que é seu sentimento de fé" (GUIA METODOLÓGICO, 2021 p. 4).

A proposta da Assembleia Eclesial nos inseriu na dinâmica desejada pelo Papa Francisco sobre a sinodalidade da Igreja, cujo processo se estende até o ano de 2023 nas suas fases diocesana, continental e universal. O Papa nos lembra de que é próprio da natureza da Igreja a sinodalidade e a missionariedade, e que sua concretização exige a caminhada em comum, o "caminhar juntos". Escreve o Papa Francisco por ocasião da comemoração do Cinquentenário da Instituição Sínodo dos Bispos:

> Uma Igreja sinodal é uma Igreja da escuta, ciente de que escutar "é mais do que ouvir". É uma escuta recíproca, onde cada um tem algo a aprender. Povo fiel, Colégio Episcopal, Bispo de Roma: cada um à escuta dos outros; e todos à escuta do Espírito Santo, o "Espírito da verdade", para conhecer aquilo que Ele "diz às Igrejas" (FRANCISCO, 2015, p. 3).

No entanto, como nos lembra a exortação apostólica *Evangelii Gaudium*, a plena participação do Povo de Deus na vida e missão da Igreja não é fruto de uma concessão hierárquica; provém, antes, da graça do batismo que o torna participante da vida divina. Como membros vivos de Cristo e da Igreja,

> em todos os batizados, desde o primeiro ao último, atua a força santificadora do Espírito que impele a evangelizar. O Povo de Deus é santo em virtude desta unção, que o torna infalível *in credendo*, ou seja, ao crer, não pode enganar-se, ainda que não encontre palavras para explicar a sua fé. O Espírito guia-o na verdade e condu-lo à salvação. Como parte do seu mistério de amor pela humanidade, Deus dota a totalidade dos fiéis com um instinto da fé – o *sensus fidei* – que os ajuda a discernir o que vem realmente de Deus (EG 119).

Assim, o caminho sinodal proposto pela Igreja, que leve em conta a totalidade e a diversidade dos seus membros, tem como base fundamental a compreensão da Igreja como Povo de Deus, compreensão cujas origens remetem às proposições presentes nos documentos produzidos pelo Concílio Vaticano II. É a partir das orientações do Concílio Vaticano II que somos inspirados a vivenciar verdadeiramente a sinodalidade eclesial, superando o binômio clero x leigo pela noção de comunidade x ministérios. Essas são, por exemplo, as orientações propostas pela "Constituição Dogmática, sobre a Igreja Luz dos povos" (*Lumen Gentium*), que, antes mesmo de tratar do tema da hierarquia (cap. III) e dos leigos (cap. IV), fala do Povo de Deus (cap. II). É a Igreja na sua totalidade, naquilo que é comum a todos os membros. O texto conciliar aponta para a necessária superação da distância entre hierarquia e laicato. A compreensão de uma Igreja como povo escolhido de Deus será então a tônica da *Lumen Gentium*. Assim escrevem os padres conciliares:

> [...] Com efeito, os que creem em Cristo, regenerados não pela força de germe corruptível mas incorruptível por meio da Palavra de Deus vivo (cf. 1 Pd 1,23), não pela virtude da carne, mas pela água e pelo Espírito Santo (cf. Jo 3,5-6), são finalmente constituídos em "raça escolhida, sacerdócio real, nação santa, povo conquistado [...] que outrora não era povo, mas agora é Povo de Deus" (1Pd 2,9-10) (LG 9).

A noção de Povo de Deus exprime a profunda unidade, a comum dignidade e fundamental habilitação de todos os membros à participação na vida da Igreja e à corresponsabilidade na missão, como lemos no decreto sobre a Atividade Missionária da Igreja *Ad Gentes* (AG):

> Como membros de Cristo vivo, a Ele incorporados e configurados pelo Batismo e também pela Confirmação e a Eucaristia, obrigados se

> acham todos os fiéis ao dever de cooperar na expansão e dilatação de seu corpo, para o levarem quanto antes à plenitude [...]. Empenhem-se com afinco na obra da evangelização (AG 36).

Desse modo, o Concílio Vaticano II não temeu romper os modelos ultrapassados e lançou a Igreja no novo horizonte de abertura e disposição evangelizadora, deixando clarividente que todos são corresponsáveis pela missão, levando em consideração a diversidade de dons e carismas. Outro desafio para consolidar um verdadeiro caminho sinodal está, portanto, na abertura à natureza ministerial da propria Igreja, superando, desse modo, a tentação do clericalismo que infantiliza os leigos, empobrece a diversidade e a pluralidade de dons e carismas. Como nos lembra o Papa Francisco na Exortação apostólica *Evangelii Gaudium*:

> Cresceu a consciência da identidade e da missão dos leigos na Igreja. Embora não suficiente, pode-se contar com um numeroso laicado, dotado de um arreigado sentido de comunidade e uma grande fidelidade ao compromisso da caridade, da catequese, da celebração da fé. [...] Mas a tomada de consciência desta responsabilidade laical que nasce do Batismo e da Confirmação não se manifesta de igual modo em toda parte; em alguns casos, porque não se formaram para assumir responsabilidades importantes, em outros por não encontrar espaço nas suas Igrejas particulares para poderem exprimir-se e agir por causa de um excessivo clericalismo que os mantém à margem das decisões (EG 102).

Sem uma decisiva conversão pastoral que leve em conta o laicato como verdadeiro sujeito eclesial, não viveremos a sinodalidade da Igreja. Neste aspecto, é preciso com urgência repensar os programas de formação permanente do laicato, que não pode ser uma reprodução empobrecida da formação oferecida nos seminários. Torna-se urgente o investimento na formação integral do laicato, possibilitando cristãos capazes de dialogar com o mundo da cultura, da economia, dos meios de comunicação, da política, tendo sempre em vista o bem comum e a justiça.

Há de se levar seriamente em conta a inserção e a presença dos leigos e leigas nos espaços de decisão e participação eclesial (Assembleias, Conselhos de Pastoral, Conselhos Econômicos Diocesanos e Paroquias), inclusive reavaliando o seu caráter meramente consultivo. Interpelados pelo espírito sinodal nos perguntamos: por que os leigos e leigas são apenas consultados e a decisão final é sempre da hierarquia? Isso não desfigura o caminho pleno da sinodalidade (comunhão, participação e missão)? Não infantiliza os leigos e leigas e desqualifica o senso *fidei fidelis* de todos os batizados?

> O Documento preparatório para o Sínodo destaca a importância dos espaços de participação quando interpela aos membros das Igrejas locais a responderem seriamente as questões sugeridas para o processo de escuta, dentre as diversas questões colocadas para a escuta ao Povo de Deus. Vejamos algumas questões orientadoras que são propostas pelo Documento Preparatório e que devem conduzir o processo de diálogo para realização do sínodo: quais são os lugares e as modalidades de diálogo no seio da nossa Igreja particular? Como são enfrentadas as divergências de visão, os conflitos, as dificuldades? Como se exerce a autoridade no seio da nossa Igreja particular? Quais são as práticas de trabalho em grupo e de corresponsabilidade? Como se promovem os ministérios laicais e a assunção de responsabilidade por parte dos fiéis? Como funcionam os organismos de sinodalidade no nível da Igreja particular? São uma experiência fecunda? [...] Como articulamos a fase consultiva com a deliberativa, o processo do *decision-making* com o momento do *decision-taking*? De que maneira e com que instrumentos promovemos a transparência e a *accountability*?[3]

---

[3] Documento preparatório para realização do sínodo: Para uma igreja sinodal: Comunhão, participação e missão.

Ainda em relação à valorização dos leigos e ao reconhecimento da sua importância e participação nos diversos espaços eclesiais, uma Igreja sinodal precisa levar a sério o papel da mulher na vida da Igreja e da sociedade, deixando sempre claro que essa valorização e esse reconhecimento não são uma concessão da hierarquia, mas acima de tudo um direito que emana do Batismo, pois comum é a dignidade de todos os batizados. Cabe, portanto, recordar que a grande maioria dos membros das nossas comunidades eclesiais são mulheres, que no cotidiano se dedicam ao serviço pastoral nas diversas atividades eclesiais que favorecem a trasmissão da fé. No entanto, ainda urge um apelo a uma maior valorização, escuta e ampla participação da mulher nos diverssos espaços e ministérios, conforme nos chama a atenção o Papa Francisco na Exortação apostólica *Evangelii Gaudium*:

> A Igreja reconhece a indispensável contribuição da mulher na sociedade, com uma sensibilidade, uma intuição e certas capacidades peculiares, que habitualmente são mais próprias das mulheres que dos homens. [...] Mas ainda é preciso ampliar os espaços para uma presença feminina mais incisiva na Igreja. [...] por isso deve ser garantida a presença das mulheres também no âmbito do trabalho e nos vários lugares onde se tomam as decisões importantes, tanto na Igreja como nas estruturas sociais. [...] As reivindicações dos legítimos direitos das mulheres, a partir da firme convicção de que homens e mulheres têm a mesma dignidade, colocam à Igreja questões profundas que a desafiam e não se podem iludir superficialmente. [...] Aqui está um grande desafio para os Pastores e para os teólogos, que poderiam ajudar a reconhecer melhor o que isto implica no que se refere ao possível lugar das mulheres onde se tomam decisões importantes, nos diferentes âmbitos da Igreja (EG 103-104).

Uma Igreja Sinodal é indubitavelmente uma Igreja toda ministerial. Notadamente, ao se analisar a longa trajetória percorrida pela

Igreja em todos os tempos e, sobretudo, na Igreja primitiva, pode-se claramente identificar a diversidade de carismas e ministérios, consequência da forte consciência e sensibilidade dos Apóstolos ao mandato missionário do Senhor: "Ide e anuncia o Evangelho". Assim, a ação evangelizadora dos cristãos leigos e leigas é sobretudo uma resposta de fé às exigências de sua vocação batismal.

A compreensão do sentido dos ministérios na Igreja latino-americana e especialmente na Igreja do Brasil vem de um longo processo de reflexão, amadurecimento e ao mesmo tempo de uma notada vivência e experiência por parte de muitos leigos e leigas nas diversas Igrejas particulares. Muito embora se tenha dado passos, corre-se o risco de estagnação, de fechamento ou mesmo de clericalismo, que empobrece a ministerialidade da comunidade cristã.

Os ministérios são a expressão da fecundidade do Espírito que impulsiona a Igreja e seus membros a saírem de si mesmos para servir, a exemplo do mandato de Jesus: "Quem quiser ser o maior seja o servo de todos". Só a partir de uma compreensão dos ministérios não como poder em si mesmo, mas como "poder-serviço" ao Povo de Deus, é que a Igreja poderá ser fiel a sua missão, servindo preferencialmente aos mais pobres, os prediletos de Jesus, revelando a Misericórdia do Pai.

> Apesar de se notar uma maior participação de muitos nos ministérios laicais, este compromisso não se reflete na penetração dos valores cristãos no mundo social, político e econômico; limita-se muitas vezes às tarefas no seio da Igreja, sem um empenhamento real pela aplicação do Evangelho na transformação da sociedade. A formação dos leigos e a evangelização das categorias profissionais e intelectuais constituem um importante desafio pastoral (EG 102).

Uma Igreja Sinodal é uma Igreja missionária e aberta. O Papa Francisco insiste na índole missionária da Igreja – como já dito pelo

Vaticano II – e convoca os cristãos para uma verdadeira conversão, saindo de uma pastoral de mera conservação para uma Igreja decididamente missionária (EG 15). O Pontífice descreve a Igreja como ele a quer: "Uma Igreja 'em saída', que não olha para si mesma. A intimidade da Igreja com Jesus é itinerante, e a comunhão se configura essencialmente como comunhão missionária" (EG 20-23). Em sua mensagem no Dia Mundial das Missões em 2015, já nos lembrava:

> A missionariedade, que pertence à própria natureza da Igreja, é intrínseca também a cada forma de vida consagrada, e não pode ser transcurada sem deixar um vazio que desfigura o carisma. [...] Quem segue Cristo não pode deixar de tornar-se missionário, e sabe que Jesus "caminha com ele, fala com ele, respira com ele, trabalha com ele. Sente Jesus vivo com ele, no meio da tarefa missionária" (FRANCISCO, 2015).

A Igreja em saída é a comunidade dos discípulos missionários que tomam a iniciativa, que se deixam envolver e são capazes de ousar: "Ousemos um pouco mais ao tomar a iniciativa" (EG 24). Tudo isso, marcado pelo convite de "não sermos cristãos com cara de funeral" (EG 10). Ao falar da missão da Igreja, o Papa afirma com bastante ênfase: "Prefiro uma Igreja acidentada, ferida e enlameada por ter saído pelas estradas, do que uma Igreja enferma pela oclusão e a comodidade de se agarrar às próprias seguranças" (EG 49). A disposição para um caminho sinodal rompe com o formalismo e apatia e decididamente forma discípulos(as) missionários(as) corajosos(as) e criativos(as) em uma Igreja samaritana e acolhedora. É preciso ter pressa de sair, mas não somente ir; é preciso, sobretudo, permanecer nas diversas periferias para: animar círculos bíblicos, renovar o processo de iniciação à vida cristã, valorizar a religiosidade popular, celebrar a fé e a vida do povo, fazer ecoar a Palavra de Deus.

Por fim, para uma Igreja realmente Sinodal carecemos de uma verdadeira conversão pastoral, que encare decididamente o compromisso de renovação, abandonando as estruturas ultrapassadas que já não favorecem a transmissão da fé. Sem a verdadeira abertura ao que "o Espírito está dizendo às Igrejas" (Ap 2,29), sem a ousadia de ruptura com as práticas autoritárias e "colonizadoras", não haverá sinodalidade. Sem o abandono das posturas de príncipes e senhores que determinam o que o "povo" deve fazer, transformando os leigos(as) em tarefeiros, sem o verdadeiro espírito de "amor – serviço" não haverá sinodalidade (DAp 365-366).

Uma Igreja sinodal é uma Igreja que caminha com os pobres, chamados a ouvir permanentemente o clamor dos pobres (EG 191); pela presença e testemunho, despertam na comunidade o senso de solidariedade e serviço aos pobres (EG 216).

Pela graça do Batismo, compete aos cristãos influenciar a vida social com sua vida e testemunho. É nessa direção que a Exortação apostólica *Evangelii Gaudium* nos convida a seguir: "Não podemos nem devemos ficar à margem na luta pela justiça" (EG 183). E continua: "Os discípulos e discípulas, inseridos na vida da comunidade, e especialmente acompanhando as diversas realidades de sofrimento, também são chamados a despertar na comunidade inteira a atenção, cuidados e libertação dos pobres" (EG 187).

A partir da sua raiz cristológica, a opção preferencial pelos pobres é um compromisso evangélico inadiável para uma Igreja que se propõe sinodal. Mais que nunca se faz urgente o apelo do Papa Francisco "de uma Igreja pobre para os pobres". Afirma Francisco: "A opção preferencial pelos pobres deve traduzir-se, principalmente, em uma solicitude religiosa privilegiada e prioritária" (EG 200). Estes, os esquecidos, não tenhamos dúvidas, devem ser os sujeitos ativos no processo de construção e vivência dos compromissos sinodais.

Merece ainda papel de destaque no processo de construção do sínodo a importância que ocupa o diálogo ecumênico. Lembremos que o caminho sinodal é o caminho de uma Igreja que não tem medo de dialogar, é uma Igreja que acolhe a diversidade e a pluralidade e que vive a unidade na diversidade. Cite-se mais uma vez a *Evangelii Gaudium*, que nos admoesta para o fato de que:

> A evangelização implica também um caminho de diálogo. Neste momento, existem sobretudo três campos de diálogo onde a Igreja deve estar presente, cumprindo um serviço a favor do pleno desenvolvimento do ser humano e procurando o bem comum: o diálogo com os Estados, com a sociedade – que inclui o diálogo com as culturas e as ciências – e com os outros crentes que não fazem parte da Igreja Católica (EG 238).

No espírito sinodal devemos dar passos seguros e decisivos em vista da superação das divisões que tanto mal fazem ao Povo de Deus. Precisamos ter coragem de derrubar muros e construir pontes. Uma Igreja verdadeiramente sinodal escuta, dialoga, acolhe e respeita as diferenças, não faz proselitismo nem se impõe pela autorreferencialidade. Uma Igreja sinodal é naturalmente ecumênica e dialogante com as outras religiões e culturas, acolhendo respeitosamente a todos:

> O compromisso ecumênico corresponde à oração do Senhor Jesus pedindo "que todos sejam um só" (Jo 17,21). A credibilidade do anúncio cristão seria muito maior se os cristãos superassem as suas divisões e a Igreja realizasse "a plenitude da catolicidade que lhe é própria naqueles filhos que, embora incorporados pelo Batismo, estão separados da sua plena comunhão". Devemos sempre lembrar-nos de que somos peregrinos, e peregrinamos juntos. (EG 244).

Por fim, mas não menos importante, chamamos a atenção para o papel de nossa juventude no processo de construção de uma Igreja

Sinodal. No caminho sinodal está a nossa juventude, que grita e clama por acolhimento e escuta na Igreja e na sociedade. Esta é uma juventude cheia de dons e carismas, que sofre as consequências de um modelo econômico que exclui e mata. A sinodalidade nos aponta para o acolhimento e verdadeira valorização da juventude por parte de todos os membros da comunidade eclesial, especialmente dos seus pastores. Sem medo da novidade que o jovem traz em si mesmo, uma Igreja sinodal precisa deixar-se evangelizar pela juventude, ou melhor, podemos arriscar-nos em dizer, deixar-se evangelizar pelas juventudes. A esse respeito chama-nos a atenção continuamente o Papa Francisco: "A juventude não é uma sala de espera" (Missa final da JMJ do Panamá 2019). E ainda: "Os jovens estão presentes com uma visão crítica e construtiva para exigir e trabalhar por espaços, para processos reais e concisados, mas acima de tudo para que sejamos protagonistas e geradores de dignidade e inclusão" (trecho da carta da Juventude na Primeira Assembleia Eclesial Latino-Americana e Caribenha). A Assembleia Eclesial da Igreja da América Latina e do Caribe assumiu como chave sinodal se comprometer com os clamores da juventude, e, entre os doze desafios principais, registra-se o compromisso de: "Reconhecer e valorizar o protagonismo dos jovens na comunidade eclesial e na sociedade como agentes de transformação".

O Espírito sopra e aponta novos caminhos. Que com parrésia, profetismo e esperança nos abramos aos novos tempos de uma Igreja Sinodal: comunhão, participação e missão. Caminhemos juntos.

Referências bibliográficas

CELAM. *Documento de Aparecida*: texto conclusivo da V Conferência Geral do Episcopado Latino-Americano e do Caribe. Brasília: Edições CNBB; São Paulo: Paulinas, Paulus, 2007.

CONCÍLIO VATICANO II. Constituição Dogmática *Lumen Gentium*. In: CONCÍLIO VATICANO II. *Documentos do Concílio Ecumênico Vaticano II*. São Paulo: Paulus, 1997.

CONCÍLIO VATICANO II. Decreto *Ad Gentes*. In: CONCÍLIO VATICANO II. *Documentos do Concílio Vaticano II*: constituições, decretos, declarações. Petrópolis: Vozes, 1966.

FRANCISCO. Exortação Apostólica *Evangelii Gaudium*: a alegria do Evangelho – Sobre o anúncio do Evangelho no mundo atual. São Paulo: Paulus/Loyola, 2013.

11. Desafios da recepção da Assembleia Eclesial da América Latina e do Caribe

Celso Pinto Carias[1]

Ao final da Assembleia Eclesial da América Latina e do Caribe realizada de forma remota a partir do México, entre 21 e 28/11/2021, com mais de mil participantes, divulgou-se doze pontos colocados como desafios pastorais. Nossa pretensão aqui não é a de comentar tais pontos, mas oferecer uma análise pastoral que possa apontar para desafios de fundo, sem os quais a Assembleia será apenas uma página interessante da história da Igreja na América Latina e no Caribe.

Assim sendo, primeiramente apontaremos para o fato da Assembleia em si, como uma experiência marcante de um processo de escuta do Povo de Deus. Em segundo lugar apresentaremos o lugar teológico, pastoral, eclesial e social no qual esta experiência está se dando, sem a qual não se pode projetar nenhum tipo de recepção. E, por fim, faremos projeções de um caminho que pode ser feito, mas que exigirá uma profundidade espiritual para superar os obstáculos que certamente estarão à frente do caminho em sintonia com o Sínodo sobre a sinodalidade convocado pelo Papa Francisco.

---

[1] Celso Pinto Carias é doutor em Teologia pela PUC-Rio, professor na mesma universidade, assessor do Setor CEBs da Comissão Pastoral Episcopal para o Laicato da CNBB e da Ampliada Nacional das CEBs do Brasil.

1. Entre Aparecida e o México tinha uma Assembleia

Hoje, no interior da própria Igreja Católica, quando se fala de Papa Francisco pode-se encontrar reações muito diferentes. O tempo de críticas veladas ao papado ficou para trás. Não é possível analisar tal fato aqui, mas é possível fazer relações que permitam nos colocar em lugar definido quanto ao processo de evangelização que vem sendo apresentado do Concílio Vaticano II até hoje, passando, sobretudo pela *Evangelii Nuntiandi* (EN – Exortação Apostólica sobre a evangelização do mundo contemporâneo do Papa São Paulo VI, 1975), pela *Evangelii Gaudium* (EG – Exortação Apostólica sobre o anúncio do Evangelho no mundo atual, Alegria do Evangelho, 2013), e pelas conclusões das Conferências do Episcopado Latino-Americano, de Medellín a Aparecida.

Quando os bispos do CELAM (Conselho Episcopal Latino-Americano) foram ao Papa refletir sobre uma possível nova Conferência, o Papa propôs uma Assembleia com ampla participação no meio do caminho. Se as conclusões de Aparecida ainda estão por ser absorvidas, por que uma nova Conferência? Pode-se afirmar o mesmo do Concílio Vaticano II.

É possível comentar o processo da Assembleia em várias direções: avanços, lacunas, desafios etc. Porém, não se pode deixar de constatar que a realização deste grande encontro eclesial em si, sobretudo se levarmos em consideração a conjuntura de Igreja na qual vivemos, é sem dúvida um momento no mínimo de interpelação sobre o que estamos fazendo em nossa ação evangelizadora, mesmo que seja para contestar, e em qualquer direção. Uns poderão afirmar a total falta de senso do Papa, pois o que a Igreja precisa é continuar mantendo sua estrutura doutrinária milenar como baluarte de uma civilização ocidental que deve orientar a humanidade toda. Outros poderão tentar encontrar elementos de reflexão quanto ao trabalho pastoral, pois reconhecem algumas necessidades, mas sem muito entusiasmo, pois não haveria nada para mudar em termos estruturais relativos ao processo de participação de todos os batizados. Há ainda os que vão afirmar que a Assembleia passou superficialmente pelas questões fundamentais que são necessárias para os desafios de hoje. E finalmente, depois de grande discernimento, uns poucos vão tentar encontrar caminhos que possam ir em direção de todo o Povo de Deus, integrando homens e mulheres, crianças, jovens e velhos, e, sobretudo, não passando à margem dos que estão caídos à beira da estrada.

Certamente existem aqueles que nem sequer sentem a necessidade de algum tipo de recepção, pois compreendem o processo pós-Vaticano II como a introdução de elementos doutrinários não compatíveis com a verdadeira Igreja. Mesmos poucos, eles fazem muito barulho. Contudo, a questão de fundo nos parece que passa por outro caminho. Objetivamente o percentual de negação é pequeno. Contudo, na prática, o percentual dos que não se mobilizam para enfrentar os desafios com humildade, mas com firme determinação para superar as barreiras, incluindo novas possibilidades, são muitos.

Assim sendo, cremos que seja fundamental para vislumbrarmos uma recepção promissora tomar a Assembleia em si como um ponto de partida fundamental, independentemente do que se possa constatar, imediatamente, como resultado do evento.

Houve um processo de escuta com boa participação. É verdade que poderia ser muito mais amplo. O Peru superou o Brasil em números dos que foram escutados. Sim, muitos não foram escutados, gritos não foram ouvidos, mas houve um processo de escuta. Daqui para frente poderemos cobrar e colaborar para o aperfeiçoamento dos processos de escuta.

A metodologia da Assembleia deixou a desejar? Certamente poderia ser diferente. Entretanto, nunca antes na história se contou com uma presença tão significativa do laicato, ainda que vozes tenham sido abafadas. Por incrível que pareça, na atual conjuntura eclesial, muitos ministros ordenados nunca tiveram em seu processo de vida cristã uma prática mais colaborativa, mesmo antes do seminário. Evidentemente, temos também um laicato que nas últimas décadas foi subjugado, predominantemente, a uma prática de obediência cega em que o poder sagrado foi colocado quase como infalível. Sem dúvida aqui a contínua observação do Papa Francisco quanto ao clericalismo precisa ser levada em grande consideração. Uma boa recepção em uma Igreja autorreferencial não é possível. É possível produzir bons discursos, mas não boas práticas.

Finalmente, apenas para concluir este item, é preciso reconhecer que os doze pontos apresentados como desafios pastorais tem o seu valor. Destaco o número cinco: "Incrementar a formação na sinodalidade para erradicar o clericalismo", que vai em direção ao colocado acima. Alguma novidade? Não. Uma análise dos textos produzidos pelo Papa Francisco ao longo de seu pontificado até o presente momento nos permite identificar com tranquilidade tais pontos. No entanto, eles foram proclamados em alto e bom som.

Esta Assembleia deve ser colocada como um degrau importante para o processo de construção de uma Igreja Sinodal que está sendo buscada não apenas em âmbito continental como também na realidade de toda a Igreja.

2. A Assembleia no contexto eclesial e social

O caminho da recepção não será fácil. Como já colocado, existe uma realidade que torna a superação dos desafios muito mais difícil. Porém, um passo fundamental para ir além é reconhecer a solidez dos obstáculos para não ficar batendo e voltando no mesmo lugar, sem condições de ultrapassá-los. Ficar somente nas lamentações não resolve.

É condição imprescindível realizar um profundo discernimento sobre o que torna as possibilidades de superação tão difícil. Contudo, sem arrogância, com grande capacidade de autocrítica. Os limites não estão apenas nos obstáculos em si, mas também em quem pretende transpô-los.

É fácil afirmar que não estamos sendo escutados quando também nós não escutamos. Quando também nós que pretendemos ampliar os processos de participação nos colocamos como superiores ao povo e não temos paciência de caminhar no ritmo que eles precisam. O Papa Francisco não cansa de falar sobre a necessidade de caminhar com o povo e não para ou pelo povo.

É preciso conversão para assumir uma prática nova. Costumo dizer que, muitas vezes, estamos dando respostas velhas a perguntas novas. Um exemplo clássico é quando falamos muito bem de Paulo Freire, mas continuamos a promover uma educação bancária, isto é, investindo no povo para que eles deem o resultado esperado por nós e não um resultado que se construa verdadeiramente juntos.

A recepção exigirá mais do que divulgação ou visibilidade de conclusões boas que poderiam transformar tudo a partir de um processo de conscientização muito benfeito, do ponto de vista dos promotores, mas que não trabalha mentes e corações de todo o Povo de Deus, que não leva em consideração suas expressões simbólicas, que estão fortemente arraigadas como resposta a dores e sofrimentos que não são sequer alentados. Dessa maneira, nomearemos alguns obstáculos que desafiam o processo, mas tendo como pressuposto o colocado acima.

Tornou-se lugar-comum falar de “crise civilizatória”. As conclusões de Aparecida falam de uma mudança de época e não de uma época em mudança. E tal crise é fato. O processo cultural chamado “modernidade” vem se esgotando faz tempo. E, em condições de crise e crise aguda, é comum se agarrar em boias não tão seguras com medo de afundar.

A estrutura de poder dominador das últimas décadas investiu massivamente na despolitização da população, pois reconheceu que uma consciência cidadã, enquanto condição para que homens e mulheres se tornem sujeitos da história, é perigosa para a manutenção de interesses cada vez mais acumuladores do capital.

O povo, em uma luta fratricida pela sobrevivência, pode fazer escolhas que parecem de imediato trazer alento para suas vidas, como apelos pela defesa das famílias tradicionais que são apresentadas como imunes à corrupção de suas estruturas, como se em algum tempo da história tenha tal fato acontecido, e assim não perceber exatamente o que corrói a sociedade. Desse modo, a população se agarra ao que está mais próximo, ou seja, a família.

Com o único exemplo acima, certamente limitado em suas possibilidades de análise, queremos afirmar que o discurso religioso apontando para soluções imediatas em um Deus que age diretamente na vida dos que têm fé cai como uma luva para remediar o sofrimento e, ao mesmo tempo, é alívio psicológico diante de uma realidade complexa que demora a estabelecer políticas públicas duradouras. E ainda se torna possível retroceder em mecanismos sociais de proteção com apelativos superficiais, mas simbolicamente poderosos para não promover reações, como mudança em leis trabalhistas e previdenciárias.

Ora, neste contexto qualquer proposta, mesmo sendo ótima, que vá em direção do protagonismo das pessoas, terá sempre uma resistência simbólica forte que não se contorna ou supera apenas com mecanismos dos chamados "processos de conscientização". O risco de emocionalismos ou racionalismos sem integração é uma herança dualista forte.

A reflexão deste item pretende, de forma muito objetiva, chamar a atenção para o fato da necessidade de uma recepção criativa, para uma recepção que leve em consideração que não se instalam novos processos por decretos. Muitos dos que têm saudado o Papa

Francisco como uma figura extremamente importante para o momento, incluindo o redator deste texto, muitas vezes não percebem a necessidade de repensar a metodologia como o próprio Papa tem insistido. Assim, pode-se cair facilmente em frustrações.

A América Latina e o Caribe integraram o caldo cultural chamado de *ocidental*. Os colonizadores não levaram, com raríssimas exceções, em consideração a sabedoria dos povos originários. E, quando trouxeram pessoas escravizadas da África, elas foram reduzidas a meros instrumentos de produção feitos à base de muita violência. As riquezas tiradas do continente enriqueceram a Europa e deixaram o território latino-americano tipificado com sua intelectualidade opressora como rebeldes, indolentes, preguiçosos e até mesmo como raça inferior.

O cristianismo foi instalado como parte de um processo de colonização, evidentemente um cristianismo instrumentalizado, tornando difícil identificar o caráter salvífico, em sentido amplo, do legado de Jesus Cristo, que busca garantir a dignidade fundamental de toda pessoa no interior de um processo histórico, mesmo que aponte para a plenitude completada na passagem definitiva chamada "morte".

Ora, que resultado esperar, no processo de evangelização, no interior desta complexidade? A graça de Deus tem possibilitado muitas iniciativas que apontaram caminhos libertadores. Mas a força da colonização, de algum modo, está sempre presente e confundindo até mesmo reações progressistas. Entre idas e vindas, o Espírito Santo nos oferece mais uma oportunidade para sermos fiéis ao Caminho de Jesus Cristo. A Assembleia Eclesial da América Latina e do Caribe pode ser incluída como um sinal deste processo.

3. Assembleia e Sínodo: dois lados da mesma moeda

Quando, em 17 de outubro de 2015, o Papa Francisco já apontava firmemente a perspectiva sinodal e suas possíveis dificuldades, em discurso proferido por ocasião da comemoração do cinquentenário da instituição do sínodo dos bispos, ele avisava: "Aquilo que o Senhor nos pede, de certo modo, está já tudo contido na palavra 'Sínodo'. Caminhar juntos – leigos, pastores, Bispo de Roma – é um conceito fácil de exprimir em palavras, mas não é assim fácil pô-lo em prática".

Ora, desde o pós-Concílio se pode constatar que o caminho de conexão com a realidade tipificada como *cultura moderna* não seria fácil. Do otimismo de um documento fundamental do Vaticano II, a *Gaudium et Spes* (Alegrias e esperanças) até a V Conferência Geral do Episcopado Latino-Americano e do Caribe em Aparecida, não conseguimos consolidar um caminho pastoral majoritário para o conjunto da Igreja Católica que, de fato, pudesse responder ao desafio da modernidade. Mesmo a consagrada afirmação da *opção preferencial pelos pobres* não foi recepcionada de forma abrangente; pelo contrário, ainda há quem resista apesar de todas as afirmações do magistério eclesial.

Diante de tal realidade, seria muito esperar que a Assembleia fosse capaz de produzir uma resposta de orientação assumida com entusiasmo pelo conjunto da Igreja. Por outro lado, as portas estão se abrindo novamente. É verdade que muitos não desejam escancarar a entrada na realidade de um novo mundo que se coloca a nossa frente. A resistência é veemente. Em tempos de crise aguda, muitos se agarram ao passado, como já dito.

Cremos que o conceito-chave da recepção da Assembleia é *processo*. O Papa Francisco tem insistido na necessidade de estabelecer processos, mais do que produzir documentos. Os documentos são necessários. Contudo, se eles não são fruto de uma nova consciência que se traduza em novas práticas, podem se tornar apenas textos para serem citados. Nada mais.

Nesta perspectiva, vislumbramos a recepção da Assembleia como uma forte retomada da caminhada sinodal que é constitutiva da

Igreja. Trata-se de levar a cabo aquilo que São João Crisóstomo falava, isto é, *Igreja e Sínodo são sinônimos.*

Pode-se afirmar, sem medo de errar, que a América Latina tem sido, desde o pós-Concílio, protagonista de uma frutuosa recepção que procura conciliar a tradição com os *sinais dos tempos*, como bem indicava São João XXIII.

Saímos de um tempo onde os futuros padres eram enviados para Roma a fim de se formarem, para a produção de uma autonomia na comunhão, com escolas de formação próprias. De bispos configurados, predominantemente, como aristocratas, para bispos que firmaram o *pacto das catacumbas*, cujo nome que mais o simboliza é sem dúvida Dom Helder Camara.

Saímos de uma teologia de manuais, que se limitava à tradução de textos europeus, para uma produção com rosto latino-americano. Uma teologia capaz de manter fidelidade ao Evangelho e, ao mesmo tempo, ser fiel à tradição patrística; capaz de dialogar com a realidade cultural, política e social em que a missão nos colocava; onde não apenas o rosto do colonizador apareça, ainda que muitos pudessem ser santos, mas que fosse reflexo de um rosto indígena, negro, feminino e, sobretudo, dos espoliados por um sistema iníquo de exclusão, causador de miséria, como tão profundamente os bispos proclamaram na Conferência de Puebla, dos números 31 a 39 das conclusões. E, ao contrário do que muitos afirmam, sem ruptura, mas em continuidade ao Projeto do Reino de Deus.

Sim, será preciso estabelecer processos sem ilusões. Caminhando se faz o caminho. E o caminho não será fácil. Porém, mais uma vez a América Latina está dando a sua contribuição. E agora não apenas a partir de uma experiência eclesial local que procura provocar o conjunto da Igreja a ter um olhar cuidadoso sobre a realidade, como também em sintonia com o Bispo de Roma e toda a Igreja, *caminhando juntos em processo sinodal.* Estamos, gostemos ou não, sendo chamados a identificar os desafios que o mundo de hoje coloca para encontrar caminhos de superação e fidelidade ao Projeto de Jesus Cristo, com *comunhão, participação e missão*. Portanto, Assembleia e Sínodo são dois lados da mesma moeda. Não podemos separar. Aqui está um dado fundamental da recepção.

Às vozes minoritárias, mas fortes e consistentes, da América Latina, devem se somar tantas outras vozes vindas de vários entroncamentos do mundo, como África e Ásia, por exemplo, para proclamar em alto e bom som, como disse Dom Mauro Morelli no Sínodo diocesano em Duque de Caxias, RJ, na década de 1980, que queremos ser uma Igreja de Cristo Pastor na Baixada Fluminense, e em todas as "baixadas do mundo", e, na linguagem de Francisco, em todas as periferias geográficas e existenciais, onde possamos ser a presença de uma Igreja de irmãos e irmãs. Como seria bom ouvir de novo aquela exclamação do texto romano dos primeiros séculos: "Vejam como eles se amam".

Não haverá recepção se não formos capazes de levar a reflexão sinodal até aos recantos mais escondidos de nossa realidade. Tem-se falado muito de volta às bases. Fundamental, mas não pode ser uma volta aos mesmos padrões do passado. Não podemos considerar uma pessoa como um boneco de barro que se possa moldar, por melhor que sejam as intenções, segundo nossa perspectiva. Há saber em todos os seres humanos, em todas as culturas, mesmo que aparentemente, sob nossa avaliação, eles estejam em um grau inferior de compreensão da realidade, e por isso, nós, os "conscientizadores", não temos o direito de fazer nossa ação heroica de libertá-los sem a participação deles, pois poderão ser libertos para escravizarem seus próprios irmãos e irmãs.

A crítica ao sistema pode correr o risco de apresentar fatores subjetivos da existência humana como algo sem valor. A rede de configuração simbólica da sociedade é um fator determinante na lógica da sobrevivência. Cursos e palestras, seminários e encontros não são suficientes, por si mesmos, para obter força de resistência diante da dura peleja pela vida. A realidade simbólica é determinante e deve ser integrada no processo.

Assim sendo, voltar às bases exige de nós conversão. Precisamos ir ao povo dispostos a ver, ouvir e encontrá-lo dentro de sua lógica cultural, e, se possível, propor outras possibilidades. Sem preconceitos, sem arrogância, sem a lógica messiânica de um salvador, de um herói que irá resgatar o povo de sua miserabilidade.

Porém, a grande pergunta é: COMO? Caberá ao processo de recepção buscar a resposta. Mas, depois de Paulo Freire e tantos mestres do trabalho popular, não deveríamos ter tanta dúvida. Mas temos. Temos porque não somos "pedagogos". Temos porque, como diz Freire, comparando o método de Jesus com a nossa prática: "O ensino do Cristo não era nem poderia ser o de quem, como muitos de nós, julgando-se possuidor de uma verdade, buscava impô-la ou simplesmente transferi-la".

O elemento pedagógico se torna fundamental. Não basta promover uma quantidade grande de formação. Uma pergunta para ilustrar o que foi dito: durante a pandemia do novo coronavírus, no qual explodiu a prática dos encontros à distância, quanto do que assistimos penetrou em nossas vidas? Esta pergunta é uma provocação para avaliarmos o caminho escolhido: *meto-odos*. *Odos* é caminho em grego. Assim, sem um bom mapa para alcançar o objetivo, podemos dar muita volta e perdemos muita gente pela estrada. A recepção precisa começar a desenhar o mapa agora.

Deveríamos nos espelhar Naquele que é a razão de nossa fé. Deus se fez história. Escolheu o caminho humano processual, isto é, gravidez, infância, juventude, até se tornar adulto. Fez parte de uma família, certamente com todas as tensões que isto representa. E fez isto como escravo: "Ele tinha a condição divina, e não considerou o ser igual a Deus como algo a que se apegar ciosamente. Mas esvaziou-se a si mesmo, e assumiu a condição de servo" (Fl 2,1-11).

Que nossa ligação com o Senhor da vida nos permita ter "os mesmos sentimentos de Cristo Jesus". Que possamos redescobrir aquilo que os povos tradicionais sempre souberam e continuam sabendo, muitas vezes no meio do barulho e da confusão, o que significa caminhar em direção ao *bem viver* ou ao *ubuntu* africano: "Só serei se você for comigo".

Paulinas

Rua Dona Inácia Uchoa, 62
04110-020 – São Paulo – SP (Brasil)
Tel.: (11) 2125-3500
http://www.paulinas.com.br – editora@paulinas.com.br
Telemarketing e SAC: 0800-7010081